野球を歩く

日本野球の歴史探訪

小関順二

草思社

野球を歩く

目次

［編集部注］
・引用文中の旧仮名づかい・漢字の旧字体は、適宜新仮名づかい・新字体に改めました。

1　野球黎明期の晴れ舞台は上野の森のグラウンド

子規が打って走った明治のベースボール

ベースボールが日本に伝わったのは１８７２（明治５）年で、伝えたのは第一大学区第一番中学（のちの開成学校、東京大学）のアメリカ人教師、ホーレス・ウィルソンである。アメリカではこれより27年前の１８４５（弘化２）年にアレキサンダー・カートライトがルールを整備してゲームを行うようになり、このルールに従って翌46年には早くも試合が行われ、69（明治２）年には初のプロ野球チーム、シンシナティ・レッドストッキングスが誕生している。

それからわずか27年後、ベースボールは文明が開化したばかりの極東の小さな島国に伝来し、驚くほどの早さで全国に広まっていった。その伝播力の強さを示しているのが俳人、高浜虚子が描いた次の文章である。

「松山城の北に練兵場がある。ある夏の夕其処《そこ》へ行って当時中学生であった余らがバッチングを遣《や》っていると、其処へぞろぞろと東京がえりの四、六人の書生が遣って来た。余らも裾《すそ》を短くし腰に手拭《てぬぐい》をはさんで一ぱし書生さんの積《つも》りでいたのであったが、その人々は本場仕込みのツンツルテンで脛《すね》の露出し具合もいなせなり腰にはさんだ手拭も赤い色のにじんだタオルなどであることがまず人目を欹《そばだ》たしめるのであった。

『おいちょっとお借しの。』とそのうちで殊《こと》に脹脛《ふくらはぎ》の露出したのが我らにバットとボールの借用を申込んだ。我らは本場仕込みのバッチングを拝見することを無上の光栄として早速それを手渡しすると我らからそれを受取ったその脹脛の露出した人は、それを他の一人の人の前に持って行った。（中略）そのバッチングはなかなかたしかでその人も終には単衣《ひとえ》の肌を脱いでシャツ一枚になり、鋭いボールを飛ばすようになった。そのうち一度ボールはその人の手許《てもと》を外れて丁度《ちょうど》余の立っている前に転げて来たことがあった。余はそのボールを拾ってその人に投げた。その人は『失敬。』と軽く言って余からその球を受取った。この『失敬』という一語は何となく人の心を牽《ひ》きつけるような声であった。やがてその人々は一同に笑い興じながら、練兵場を横切って道後の温泉の方へ行ってしまった。

このバッターが正岡子規その人であった事が後になって判った」

（『回想　子規・漱石』所収「子規居士と余」より　高浜虚子著、岩波文庫）

■子規が作った野球用語

正岡子規の颯爽《さっそう》とした姿が目に浮かぶような文章である。子規が野球に熱中したのは大学予備門（のちの第一高等中学校、以後一高）時代の１８８７（明治20）年のことで、虚子の前で颯爽と〝バッチング〟をしたのはそれより2年後の89年と思われる。

子規の野球好きは広く知られており、雅号を幼名の升《のぼる》にちなみ「野球《のぼーる》」にしたことはあまりにも有名。ちなみに、ベースボールを「野球《やきゅう》」と和訳したのは子規だと流布されていた時期があるが、正しくは子規の３歳下で、一高の名選手だった中馬庚《ちゅうまかのえ》である。

「よい訳を見つけたぞ！　Ball in the field　野球はどうだ」

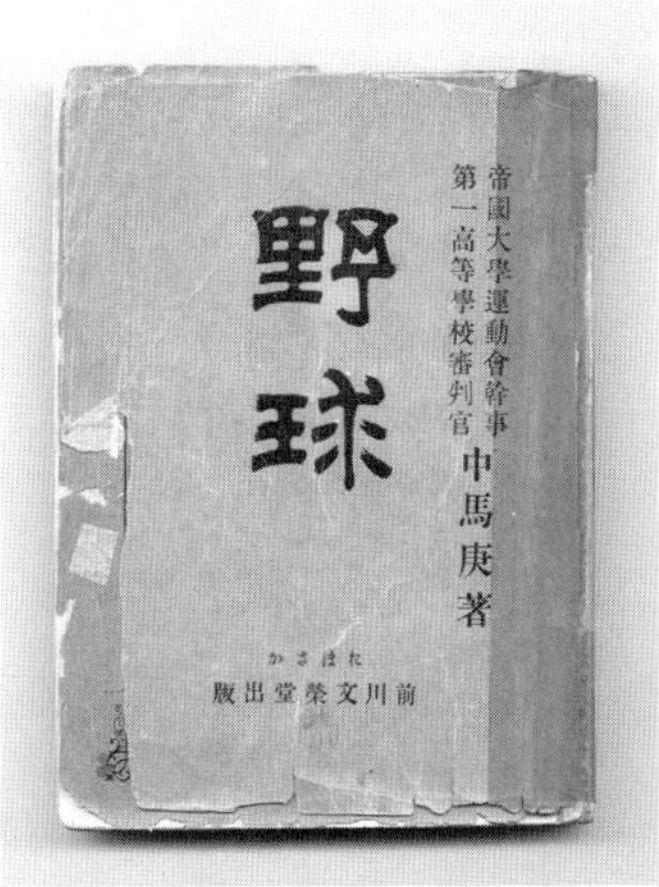

中馬庚著『野球』
（提供：野球殿堂博物館）

『日本野球創世記』（君島一郎著、ベースボール・マガジン社）は、「野球」という言葉が誕生した瞬間の中馬庚を臨場感たっぷりに描いている。この野球という訳語が初めて活字になったのは１８９４（明治27）年、第一高等学校校友会雑誌号外の中で、その3年後の97年に野球専門書『野球』が中馬庚によって著されている。

「野球」誕生の功は中馬に譲らなければいけないようだが、ルール解説のみならず、早くから競技としての醍醐味に注目している子規の功績は見逃せない。

随筆『松蘿玉液《しょうらぎょくえき》』（正岡子規著、岩波文庫）には、「球戯はその方法複雑にして変化多きをもって傍観者にも面白く感ぜられる。かつ所作の活発にして生気あるはこの遊技の特色なり」とある。さらに、「ベースボールいまだかつて訳語あらず、今ここに掲げたる訳語はわれの創意に係る」として、現在まで残る「打者」「走者」「直球」「死球」などの訳語を作りあげた。

明治の文人をここまで熱狂させたベースボールが日本に伝わったのは前にも書いたとおり、１８７２年のことである。それより17年後の89年には東京から９００キロ以上離れた松山で、子規が虚子たちの前でバッチングをして見せている。その伝播力の強さに驚かないわけにはいかない。

■日本にベースボールが普及した伝播力の速さ

子規は日本における野球の起源について、新橋鉄道管理局の技師だった平岡凞《ひろし》が明治14、5年頃にアメリカから帰国して伝え、これを東京大学あるいは予備門に広めたのではないかと『松蘿玉液』に書いている。

初の国際試合で一高が横浜外国人チームに29対4で大勝したのを祝い、新聞『日本』に書いた文章で、3日後には「好球生投」と名乗る人物から、「ベースボールの始まりは明治5年、伝えたのは第一大学区第一番中学のアメリカ人教師、ホーレス・ウィルソン」と反論が寄せられている。この好球生投の文章は、黎明期の野球を生き生きと描いていて新鮮なので紹介する。

「この人常に球戯を好み体操場に出てはバットを持ちて球を打ち余輩にこれを取らせて無上の楽しみとせしが、ようやくこの仲間に入る学生も増加（中略）このころよりいつとなく余輩の球戯も上達し、打球は中空をかすめて運動場の辺隅より構外へ出る程の勢を示せしが、ついには本式にベースを置き、組を分ちてベースボールの技を始むるにいたれり」

（『日本野球創世記』より　君島一郎著、ベースボール・マガジン社）

明治時代の野球熱が伝わってくるような文章である。

わが国にベースボールが伝来したのは72年、それから6年後の78年には平岡凞によって本格的なチーム「新橋アスレチック倶楽部」が結成され、さらに18年後には一高が初の国際試合で勝利を収めている。日本人とベースボールの相性のよさに思いを致さないわけにはいかない。

■春風や　まりを投げたき　草の原

〈野球が遊び半分でなく、きちんとした規則で行われるようになったのは明治23、4年以降のことで、キャッチャーは防具で身を守るようになり、6球とか9球ボールが続かないと一塁に行けなかったのが、4球続けば一塁に行けるようになった〉

子規が明治期の野球の道具やルールについて『松蘿玉液』の中で書いたさわりの部分を、現代風に改めて紹介した。現在はボール球が4つ続けば当たり前のように一塁ベースが与えられるが、正岡子規が熱中した頃のベースボールは違うらしい。それでは、当時のベースボールはどのような規則で行われていたのだろう、詳しく紹介しよう。

子規の野球殿堂入りを祝い2002（平成14）年7月13日、「のぼさんの野球大会」が松山・坊っちゃんスタジアムで行われ、その様子がWeb上で紹介されている。千葉茂（元巨人）をはじめ子規と同じ松山出身のプロ野球OBがこの大会には数人出場し、明治初期の規則や服装を再現してゲームを行っている。

それによると、投手は下手から投げ、主審は打者の後ろではなく打者に正対する形で横に立っている。打者は高・中・低、いずれかのコースに投げるよう要求することができ、主審は打者から要求されたコースを手の動きと声で投手に伝える。打者が打ちづらいコースに投げるのが現在の好投手の条件なら、黎明期は打者の打ちやすいコースに投げるのが好投手の条件だった。野球という競技が打者を中心に発想されたものであることがわかる。打者の注文するコースにこなければ主審は迷わず「ボール」とジャッジし、当時はボール球が8つまで許されていたため、試合が半日がかりで行われることもあった。遠い時代の野球風景である。

「日本野球発祥の地」記念碑、学士会館

ホーレス・ウィルソンが野球を伝えた第一大学区第一番中学の跡地には現在、学士会館が建っている（東京都千代田区神田錦町3―28）。敷地内にはボールを握った手のモニュメントがあり、その台座には次のような言葉が刻まれている。

「この地にはもと東京大学およびその前身の開成学校があった。一八七二（明治五）年学制施行当初、第一大学区第一番中学と呼ばれた同校でアメリカ人教師ホーレス・ウィルソン氏（一八四三～一九二七）が学課の傍ら生徒達に野球を教えた。この野球は翌七三年に新校舎とともに立派な運動場が整備されると、本格的な試合ができるまでに成長した、これが『日本の野球の始まり』といわれている。七六年初夏に京浜在住のアメリカ人チームと国際試合をした記録も残っている。（中略）同氏が教えた野球は、開成学校から同校の予科だった東京英語学校（後に大学予備門、第一高等学校）その他の学校へ伝わり、やがて全国的に広まっていった（後略）」

（二〇〇三年十二月　㈶野球体育博物館）

正岡子規にちなんだ場所も紹介しよう。上野恩賜公園内にある、その名も「正岡子規記念球場」である。ＪＲ上野駅の公園口に降りれば東京文化会館のすぐ裏手、京成上野駅のほうから階段を上がれば右手に維新の英傑・西郷隆盛の像、その横に西郷たち官軍に滅ぼされた彰義隊の墓があり、この前を通りしばらくすると「正岡子規記念球場」と書かれた軟式野球場に出合う。

「此日ハ朝より小雨のふりいでたるに　一時ハ皆延引せんといひたれども　佃氏の主張により又ゝ気を取り直して身軽に支度をとゝのへ　午飯後上野公園に向ひける、今年ハ例年よりも暖気強きにや彼岸桜ハ大方に咲きそろひし頃なれば　雨にもかゝはらず公園ハ群衆

正岡子規記念球場、正面

★正岡子規記念球場

の山をきづきたり。ボールを始めしや否や　往来の書生、職人、官吏、婦人など皆立ちどまりて立錐《りっすい》の地なし」

（『筆まかせ』より　正岡子規著、岩波文庫）

草野球に興じる子規たち書生と、それを面白がっている観衆の様子がよく描かれている。子規は１８８６（明治19）～90年にかけてこの上野公園内のグラウンドで何度かベースボールを楽しんでいて、この文章は90年３月21日に行われた試合を描いたものである。２００６（平成18）年夏にリニューアルオープンしたのを機に正岡子規記念球場と命名され、球場内に建てられた句碑には次の句が刻まれている。

春風や　まりを投げたき　草の原

不忍通りのほうから入って、不忍池の中ほどにある弁天堂から上野の山の方向を仰ぎ見ると、その緑陰の上にスカイツリーの先端がにょきっと突き出ていて驚かされる。

上野の山に響く球音

「後から知ったのだが、ロビンスが最初に行った上野公園の入団テストには、千名を越す応募者が来たそうだ。審査員には魔球の杉下や、あのビクトル・スタルヒンもいたという。そこで選び抜かれた十五名で、まず球団の母体が作られた」

（『1950年のバックトス』より　北村薫著、新潮文庫）

この作品を書いた北村薫には『野球の国のアリス』という本もあるが、野球の匂いがしない作家である。たとえば、『野球の国』を書いた奥田英朗、『受け月』などみずからの野球経験を濃厚に作品に反映させている伊集院静、江夏豊の阪神時代の背番号「28」が完全数であると『博士の愛した数式』の主人公に語らせる小川洋子、さらに『ねじまき鳥クロニクル』の中で美しすぎる神宮球場の夕暮れを再現した村上春樹とくらべると、北村薫の野球には細部に対する執着がない。

それが物足りないというのではない。野球をテーマにした作品はどうしても野暮ったくなる。ディテールにこだわって書き込めば書き込むほど独りよがりになるし、最もつらいのはスポーツ新聞を読んでわかる程度のことを背景に盛り込めばどうしても通俗的にならざるを得ない。しかし『1950年のバックトス』は、2年間だけ存在した女子プロ野球をテーマにすることで通俗性を排した。

この作品の参考文献として紹介されているのが『プロ野球選手はお嬢さま』（田中科代子著、文芸社）で、著者は1950（昭和25）年に女子プロ野球チーム「エーワン・ブリアンツ」に入団、のちに主将として活躍した経歴を持つ。この中に、北村が参考にした上野公園グラウンド（現在の正岡子規記念球場）での審査風景も描かれている。

「当時住んでいた駒込から、省線（今のJR山手線）に乗れば、十五分足らずで試合場の上野公園グラウンドに着いてしまう。名物の桜はまだ咲いていないが、上野の森は青々と繁り、春の気配に人々の足取りも軽やかだった。／私たち三人は、足早にグラウンドを目指した。近づくにつれ、驚きが増した。どこを見ても女、女、女……そ

スタルヒンを審査役に「エーワン・ブリアンツ」の入団テスト、1950年3月（提供：毎日新聞社）

女子プロ野球の開会式、1950年4月・後楽園球場（提供：毎日新聞社）

れもほとんどがうら若い女性だった。（中略）／私は彼女らが野次馬であることを願ったのだが、残念ながらそうではなかったのだ」

子規が遊びのような感覚で興じていたグラウンドには59年後、真剣勝負に挑む女子野球選手が1300人近くもいた。『筆まかせ』に「ローン、テニスに至りては勝負も長く少し興味あれども　いまだ幼稚《ようち》たるを免れず　婦女子には適当なれども壮健活発の男児をして愉快と呼ばしむるに足らず」と書いた子規は、この光景を見たら何と言っただろう。ちなみに、ローンテニスとはテニスの古称である。

1950（昭和25）年にスタートした女子プロ野球は翌51年のシーズンが終わった時点で存続が難しくなり、ノンプロへと移行した。プロとしての寿命はわずか2年だった。

上野公園のグラウンドで遊びそのものの野球をしていたのが噺家、立川談志である。『談志楽屋噺』（立川談志著、文春文庫）は、芸人たちがプロ野球の大毎オリオンズ

（現在のロッテ）相手に上野の森で野球に興じる姿を描いている。「ピッチャーが田宮謙次郎、坂本文次郎がキャッチャー」と書かれているので、1959（昭和34）～61年頃のことかと思われる（田宮が大毎に移籍したのが59年、坂本が現役引退したのが61年限り）。


「私しゃセンター守ってた。するとね、場所が上野の山だから浮浪者が大勢見てる。『相手のチーム強ェーなア』なんて言ってる。

『強ェーだろう』

『何てんだい』

『大毎オリオンズ』

『プロの？』

『そう』

『いーっ、それは強いぞ』

そりゃそうだ。相手はオリオンズの現役だ。（中略）葛城《かつらぎ》がセンター、センターといってもセカンドフライを捕りに出てきちゃうんだから、かなわないし、たまらない。グローブ頭へ乗っけてつっ立ってるんだが、球がくると全部捕っちまう」

次のような野球人に対する批評も談志ならではで楽しい。

「千葉茂が来て、私達の野球を観てひっくり返って笑ってた。私しゃ千葉さんの大ファンだ。ひとつも笑わねえのが、西本と広岡。なんてつまらねえことをしてるんだ、こいつらバカだって顔してた。広岡というのは愛想のねえ面白くねえ野郎だと思ったネ」

広岡達朗と西本幸雄がブスッと見ていた芸人たちの野球とはどんなものだったのだろう。大毎戦には昭和の大名人と謳《うた》われた八代目・桂文楽も出場していた。１８９２（明治25）年生まれだから、この頃70歳近い。代打で出てきた文楽に気遣って（というか恐縮して）、ピッチャーはボールに当たるまで投げ続けたという。何とかバットに当たってボールがコロコロと転がったときには、敵味方に関係なくヤンヤの拍手が起こったと書かれている。

談志が「大ファン」だと言う千葉茂（元巨人）についても補足すると、千葉は同じ松山出身の正岡子規の影響か、俳号「巨牛」を持つほどの俳句好きだった。

子規の指　ペンとボールの　胼胝《たこ》二つ

子規と同じ墓に入ることを望み、それが叶えば「ぜひ子規先輩とキャッチボールがしてみたい」と書いた千葉の、滋味溢れる句である。

野球に取り憑《つ》かれた業病の文人たち

国民的作家、司馬遼太郎によって描かれた明治の大叙事詩とも言える『坂の上の雲』（文春文庫）の主人公3人のうちの1人が俳人、正岡子規である。司馬遼太郎は子規の野球を次のように描写している。

「人間は、友人がなくても十分生きてゆけるかもしれない。しかし子規という人間はせつないくらいにその派ではなかった。

たとえば、

——野球をしよう。

と言いだしたのは、そのあらわれであったであろう。かれをたずねてきたふたりの東京専門学校の学生が不幸にして文学ずきではなく、このため、文学を共通の話題にすることができなかった。そうと気づくと、子規はかれらと自分が交歓できる場をいそいでさがした。野球をおもいついた。それを提案した。子規は提案ずきであった。(中略)

『野球をしよう』

といったのは、たまたまそれが俳句でなく野球であっただけのことであり、そう提案するともう、子規は皮下の血がさざめきたつような豊かな昂奮をおぼえるのである。

『野球は、およし』

と、二人の友人はこの重病人をおしとめようとしたが、しかしとまらなかった。子規はさっさとフランネルの長袖のシャツを身につけはじめていた。

母親のお八重がそういう子規の挙動に気づいたのは、子規がすでに三和土《たたき》におりてしまっているときであった。

『ベースボール！』

と、お八重は悲鳴をあげた」


子規が野球に熱中するようになったのは1887（明治20）年のことで、翌88年には結核を患い、喀血もしている。喀血しても野球好きの血は収まらず、上野の山で野球に興じていたとは前に書いたとおりである。

子規が結核なら、らい病（ハンセン病）にむしばまれ、23歳の若さで生涯を終えたのが作家、北條民雄である。「北條民雄」とはペンネームで、本名が広く知られることはない。北條民雄の生涯を描いた『火花』（高山文彦著、飛鳥新社）には、らい病に対する1931（昭和6）年当時の扱われ方が、次のように書かれている。

「伝染の可能性のほとんどない軽症者であっても家を追われ村を追われ、すべての者が近代国家の景観から消される運命を背負わされたのだった。癩《らい》者とおぼしい人間を見つけた村の者は警察に密告し、その家には消毒液がふりまかれ、すぐに知れわたるところとなって村八分にあうという悲劇をたどった」

北條民雄がらい病患者の隔離施設「全生《ぜんせい》病院」（現在の全生園《ぜんしょうえん》。東京都東村山市青葉町4―1―1）に入院した34年当時、親、兄弟が村八分にならないために、患者みずからが率先して入院するケースが増えていた。当然、本名を名乗ってらい病をテーマにした小説など書けるわけがない。

北條民雄が世に認められるのは文芸誌『文學界』に掲載された『いのちの初夜』が文學界賞を受賞してからのことで、この雑誌掲載に尽力したのが川端康成だった。理解者の川端だが、北條民雄からくる手紙類はすべてホルマリンで消毒してあるブリキの箱の中に入っていたという。そして、川端門下の作家、中里恒子がその手紙を見ようと手を出すと「およしなさい」と言って止めたという話が『火花』の中に紹介されている。らい病がいかに恐れられていたか、このエピソードは雄弁に物語っている。
これほどの業病を背負っていた北條民雄だが、子規と同じように野球を愛した。

「たしかに民雄はここで暮らし、収容病室から解き放たれるや原稿用紙の枡目を埋めようともせず、野球チームのメンバーに誘われるままグラウンドに飛び出して、白球を追いかけていたのだ。尋常小学校のころから野球をはじめ、亀戸の日立製作所の工場で働いていたときも野球部に属していたから、プレーはほかの患者たちよりも洗練されていて、『俺がやる、俺がやる』としゃしゃり出て、ピッチャーでも一塁手でも難なくこなしてみせた。新しい仲間もできて、光岡とはすっかり会うこともなくなってしまった。こうして体を動かせるということが、嬉しくてたまらなかった。野球に興《きょう》じているときは、恐怖を忘れられた」

（『火花』より）

子規や北條民雄は文人だが、プロ野球選手で業病を背負い込んだケースもある。1

941（昭和16）年、京都商卒業後、南海軍（現ソフトバンク）に入団した神田武夫は1年目に25勝を挙げ、早くも中心選手の座に居座ったが、3年目の43年に結核で病没している。

「上背は167センチくらいで、オーバーハンドから手の振りが小さく、パッとかついでパーッと投げてくる。球は割に軽いがコントロールがよく、ムダな球なんか放らなかった」とは、『鷹軍団 翔んだ！』（松島豊彦構成、デポルテ発売）の中で紹介されている青田昇の言葉である。

同じ南海の遊撃手、北原昇（立大→大連実業）もプロ2年目の42年、結核のため退団を余儀なくされ、それから3年後の45年に他界している。結核の特効薬、ストレプトマイシンが日本に浸透したのは戦後のこと。それまでは一度、結核の診断を受ければ、長い生はあきらめなければならなかった。そして、そうまでして野球をする人たちが昔の日本には多くいた。

2 芝生が敷きつめられた新橋アスレチック倶楽部の本拠地グラウンド

道楽大尽・平岡凞がめざした粋なベースボール

前にも述べたが、野球を愛した俳人、正岡子規は１８９６（明治29）年5月23日付の新聞『日本』で、わが国への野球伝来を次のように書いた。

「この技の我邦に伝わりし来歴は詳《つまびら》かにこれを知らねどもあるいは云う元新橋鉄道局技師（平岡凞《ひろし》という人か）米国より帰りてこれを新橋鉄道局の職員間に伝えたるを始とすとかや（明治十四、五年の頃にもやあらん）」（『松蘿玉液』に所収）

これに対して3日後、「好球生投」の名で、「そもそもベースボールの始まりは、明治五年のころなりし」という反論が同紙に寄せられた。この匿名記事は日本の野球史にとってきわめて重要だった。第一大学区第一番中学（のちの東京大学）のアメリカ人講師、ホーレス・ウィルソンが学生にベースボールを教える情景がリアルに描かれていたからだ。

これにより、ベースボールの伝来は子規の言う明治14、5年ではなく、１８７２（明治5）年であることが明らかになった。伝えたのはホーレス・ウィルソン、発祥の地は千代田区神田錦町3丁目の第一大学区第一番中学で、その跡地には現在、学士会館が建っている。野球伝来の称号はウィルソンに譲ったが、平岡凞の野球界に対する貢献は微塵《みじん》も動かない。どのような功績があったのか『慶應義塾野球部百年史・上巻』の「創生期時代」が詳述しているので紹介しよう。

「塾生で最初に野球を試みた村尾次郎の談によれば、これより先アメリカ留学中鉄道機関車製造を研究し、傍らベースボールを習得した平岡凞が、西南戦争のあった明治十年帰国した。氏は日本に帰ってからもボールに熱心で、鉄道局に勤務するとともに、旧田安家の三田綱町の徳川達孝《さとたか》伯一門の人に英語を教える余暇に鉄道局の人々や、私交のある同好者を集めて野球を教えた。村尾は幼稚舎出の兄岡田英太郎とともにその仲間の一人であった。フランネルのユニフォームや帽子を作って、毎日午後になると夕方まで練習を行った。これらのユニフォームはいずれも平岡がアメリカで見た通りのものを註文して作らせたので、当時としては余程進歩したものであった。平岡は、十五年鉄道局汽車課長となるに及んで、構内の芝浦寄りにアメリカをまねた美しく芝生を植えた本式のグラウンドを作り上げた。この頃こんな球場は日本に見ることができなかったのはもちろんである。ここが新橋クラブの本拠となった」

■平岡凞のボストン時代と当時のメジャーリーグ

平岡凞は1856（安政3）年8月19日、江戸下町の本所に生まれている。安政3年、という時代にピンとこない人には「黒船来航の3年後」と言えばその時代がクリアに浮かび上がってくると思う。

平岡が渡米したのは71（明治4）年、16歳のときである。アメリカ公使として赴任する森有礼《ありのり》（のちに文部大臣などを歴任）とともに遊学の途に就いた折、サンフランシスコ港で浮船渠《うきドック》の上に汽車が走っているのを見て、鉄道技師への道を志したと言われる。

ちゃきちゃきの江戸っ子を象徴するエピソードが、ボストンのハイスクール時代にある。ボイントンという教育者の家に下宿した平岡は、もう1人の日本人とともにきわめて優秀な成績で初等学校からハイスクールの技術専門学校に進んだ。その優秀ぶりは、ウースター市の新聞が「偶像支配の国から来た慇懃《いんぎん》な両少年の行為はアメリカの少年たちに大きな夢と希望といい意味での競争心を与えてくれた」と紹

平岡凞（提供：野球殿堂博物館）

介していることでも明らかだ。

しかし、入学して間もない73年、尊大な校長からアメリカ初代大統領、ジョージ・ワシントンに関する賛辞を述べろと言われた平岡は、「公衆の面前で日本の天子様の話でもせよと言うならば幾らでも話してやるが、日本人としてワシントンを誉め立てる必要はないから断る」と言い放ち、学校をやめてしまった。

短気にすぎるが、基礎ばかりの授業内容にあきたらないものを感じていた折のことで、好んで喧嘩を買って辞める口実にしたと言えなくもない。平岡はこののち市内にあるヒンクリー機関車製造所に職を得て、3年間、鉄道工員として機関車作りに接することになる。そして、この工員時代に熱中したのがベースボールである。

1870年代のアメリカ野球がどういう状況だったのかというと、71~75年までナショナル・アソシエーションによってリーグが運営され、ここで最強の名をほしいままにしたのがボストン・レッドストッキングスである。

76年にはナショナル・アソシエーションが解散し、代わって8球団で構成されたナショナルリーグが誕生する（アメリカンリーグの誕生はこれより25年後の1901年）。この頃、リーグの入れ替え、チームの勃興とともに、野球のルールや技法も激しく変わっていったのは以下の文章でも明らかだ。

「例えば、フォア・ボールは、もともとナイン・ボールから出発したといわれ、十六年、ストレンジが『アウトドア・ゲームズ』で野球を紹介したときはセブン・ボールであり、二十年ごろからはシックス・ボールになっていた。また、ストライクは、まず、打者が高・中・低のいずれか、自分の好むゾーンを予め審判に告げ、審判はそれを声高らかに唱え、投手はそれを聞いて指定されたゾーンへ投げた。さらにまた、捕手は投手の投球をワンバウンドでつかまえていた。

二十三年四月の対高商戦では、まずファイブ・ボール制が採用され、打者の好みでストライク・ゾーンの高低を分けることも廃止された。捕手のダイレクト・キャッチは、府下の各倶楽部では前年の二十二年から採用されていたが、一高がはじめてダイレクト・キャッチに踏み切ったのはこの対高商戦であった」

（『向陵誌　一高応援団史』一高同窓会編、昭和59年12月1日発行）

文中にある『アウトドア・ゲームズ』とは83（明治16）年に丸善（当時丸屋）から出版された刊行物のことである。著者は東京大学予備門の御雇外国人教師をしていたＦ・Ｗ・

ストレンジ。学生たちのスポーツへの無関心を嘆いてこの本を著したと言われる。

野球のルールが激しく変わっていくさまが『向陵誌』の文章からは強烈に伝わってくる。元祖はもちろんアメリカだから、アメリカ国内のリーグ戦を観戦するファンも度重なるルール改正には戸惑ったと思う。

しかし、1870年代初期にカーブが登場し、「打者に打たせるためのピッチング」という前提がくずれ、投手対打者の対決という新たな構図が誕生した。そして、76年にナショナル・アソシエーションが解散しナショナルリーグが結成されるなど、ベースボールは古い価値観を壊しながら新たな価値観を立ち上げ、ファンはその変化を支持した。

71〜77年の6年間滞米した平岡は、まさにこの変革期の真っただ中にいた。ボストンの空気を満喫し、鉄道技師としての修業時代を過ごしながら、同じ街で活躍するボストン・レッドストッキングスの野球を楽しみ、のちに親交を結ぶスポルディングのピッチングに驚愕しただろうことは想像に難くない。この平岡が帰国して、日本のベースボールの熱気は加速していく。

■平岡凞が作った日本最初の球場は総天然芝だった⁉

78（明治11）年に帰国し、鉄道局三等技手の職を得た平岡はさっそく、新橋工場の工員たちに野球を教えるようになる。『ベースボールと陸蒸気』（鈴木康允・酒井堅次著、小学館文庫）によると、日曜日は朝早くから練習を始め、はじめは平岡が投げ工員たちが打つだけだったが、そのうち二派に分かれて試合らしきものを始めるようになった。これがわが国初の本格的野球チーム、新橋アスレチック倶楽部の事始めである。

また、父が文久年間、徳川御三卿の1つ田安家の家老であった関係から、平岡は週に1、2度の割合で徳川達孝《さとたか》伯（田安家）に英語を教えるようになる。ここで英語だけ教えていればただの洋行帰りだが、稀代の数寄者《すきもの》でのちに〝平岡大尽〟の異名を取る平岡は、〝お殿様〟にベースボールの面白さを吹き込んだ。

達孝はたちまちその魅力に取り憑かれ、広い庭にあった築山を平らにし、池を埋め立て、野球ができるグラウンドを作ってしまった。ここに誕生したのが新橋アスレチック倶楽部に次ぐわが国2番目の野球チーム、ヘラクレス倶楽部である。

平岡率いる新橋アスレチック倶楽部の本拠地が汐留停車場の南側にあるグラウンドで、ヘラクレス倶楽部の本拠地が三田の綱町。野球草創期、メッカとも言える賑わいを呈したのが現在は慶應大学以外野球と縁もゆかりもない港区だったことが面白い。ちなみに、現在「旧新橋停車場　鉄道歴史展示室」（港区東新橋1―5―3）が建つ場所にかつて汐留停車場があり、ここで平岡たちは原始の野球に親しんだ。

新橋アスレチック倶楽部のグラウンドについては前出の『慶應義塾野球部百年史・上巻』に興味深いことが書かれている。

「平岡は、十五年鉄道局汽車課長となるに及んで、構内の芝浦寄りにアメリカをまねた美しく芝生を植えた本式のグラウンドを作り上げた」

十五年という年次はさておいて、興味深いのは「美しく芝生を植えた」という箇所だ。この文章は「内・外野に天然芝が敷きつめられた」と私には読める。アメリカに6年いた平岡にとって、内・外野総天然芝の野球場は当たり前である。外野が芝生で内野が土、という日本の常識となっている球場作りなど、考えるわけがない。野球をするグラウンドに芝生を植えたとすれば全面天然芝であると考えるほうが、当時としては当たり前なのだ。

最も初期の日本の野球が、土のグラウンドでノックを受けて土にまみれるという一高式ではなく、職場の愛好家が休日や仕事の合間を縫って楽しむ新橋アスレチック倶楽部式なら、いずれ先祖がえりして再びそちらの方向に向かっていくかもしれない。

考えてみてほしい。全面天然芝の話になったとき「野球が生まれたのがアメリカでも、日本には日本のやり方がある。土のグラウンドで汗まみれになって練習して、日本の野球

2　芝生が敷きつめられた新橋アスレチック倶楽部の本拠地グラウンド

新橋アスレチック倶楽部、2列目中央が平岡凞（提供：野球殿堂博物館）

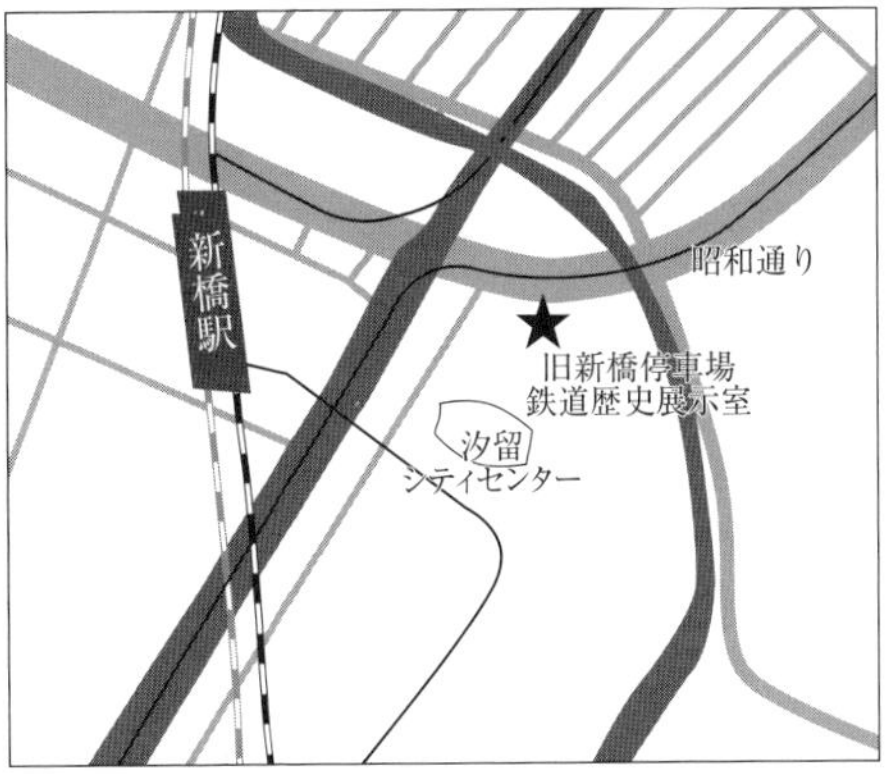

★新橋アスレチック倶楽部・本拠地グラウンド

は発展してきた」という精神主義に一矢報いることができるかもしれないのだ。それは、より多くの人に親しまれる「野球の未来」を暗示していると私は思う。

平岡が永眠したのは1934（昭和9）年5月6日。明治10年代の野球を書き残す時間的余裕はいくらでもあったが、していない。1890（明治23）年にわが国初となる個人経営による車両製造工場、平岡製工所を陸軍砲兵工廠《こうしょう》の一部を借りて設立してからは仕事に没頭し、晩年は三味線音楽の一流派、東明曲《とうめいきょく》の元祖になるなど、ひたすら道楽・数寄者としての人生をまっとうした。残念ながらそこに野球の影を見ることはできない。せめて、グラウンド全面に芝生を植えたのかどうかくらいは書き残してもらいたかった。

ちなみに、平岡製工所は陸軍砲兵工廠《こうしょう》を間借りするような形で建てられた。ここはのちに後楽園球場、東京ドームへと姿を変えていく。

■旧東海道・品川宿のそばにあった本拠地グラウンド

平岡の洒脱な精神が育んだベースボールが、慶大のエンジョイ・ベースボールにつながっていることをご存じだろうか。慶大野球部が創設される1892（明治25）年より前に、慶大の学生は平岡にベースボールの手ほどきを受けている。

『慶應義塾野球部百年史・上巻』には、塾生で最初に野球を試みた村尾次郎が平岡に「慶應の連中も連れてこい」と言われ、「松山陽太郎、兄の岡田、浜口騰、黒田八郎、石川沢吉などを伴って、新橋クラブに行き、平岡にベースボールを習った」とはっきり書かれている。これが明治19年か20年頃だから、慶大野球部創設の5年ほど前のことである。

それに対して、ライバル早稲田大学の野球部創設は1901（明治34）年とだいぶ遅い。当時、野球界の頂点に君臨していたのは一高で、その大きな特徴は精神主義。黄金時代を築いたエース守山恒太郎などは「夜、寄宿の廊下に蠟燭《ろうそく》を点じ、球のスピードから起こる風でその灯を消し」たり、曲がったヒジを矯正するため「夜な夜な就眠中に肱の下に枕をあて手に鉄アレーを持って曲った肱を矯正したとか、木の枝に左の手でぶらさがった」と書き残しているほどだ。

この精神主義を早大初代専任監督・飛田穂洲《すいしゅう》は「一高から一高式の練習を取り去ったら尊敬に価するものはない」と書くほど、深く愛した。

かたや平岡凞は、「江戸ッ児の生残者、ベースボールの輸入者、東明曲の元祖、横笛の達人、馬鹿囃子の権威、釣魚の名手、袋物《ふくろもの》の目利《めきき》者、小唄の作者等を以て世に知られ」と本（『平岡吟舟《ぎんしゅう》翁と東明曲』高橋義雄著）に書かれるほどの道楽者として知られている。

この両極端な2人の個性の違いこそ、早慶野球部の〝根本的な体質の違い〟と言っていい。早慶の比較はのちに譲るとして、ここでは平岡の先取り精神、あるいは進歩的な感覚について述べてみたい。汐留停車場の南側にあるグラウンドに芝生を植えたと書かれている部分にこそ、平岡の先取り精神を感じないわけにはいかない。このグラウンドが手狭になった１８８２（明治15）年には品川の八ツ山下の広場に新たな野球場を作り、ここを「保健場」と名づけた。

当時、「野球」という言葉はなく、そのまま「ベースボール」、あるいは「ベース」とか「ボール」と呼んでいた時代である。「野球場」「球場」という言葉ももちろん存在していなかった。スポーツ、レクリエーションなどの概念さえ希薄だった時代である。そういう時代に野球をやる場所を「保健場」（健康を保つためのレクリエーション施設）と命名した。これは相当、新しい感覚である。

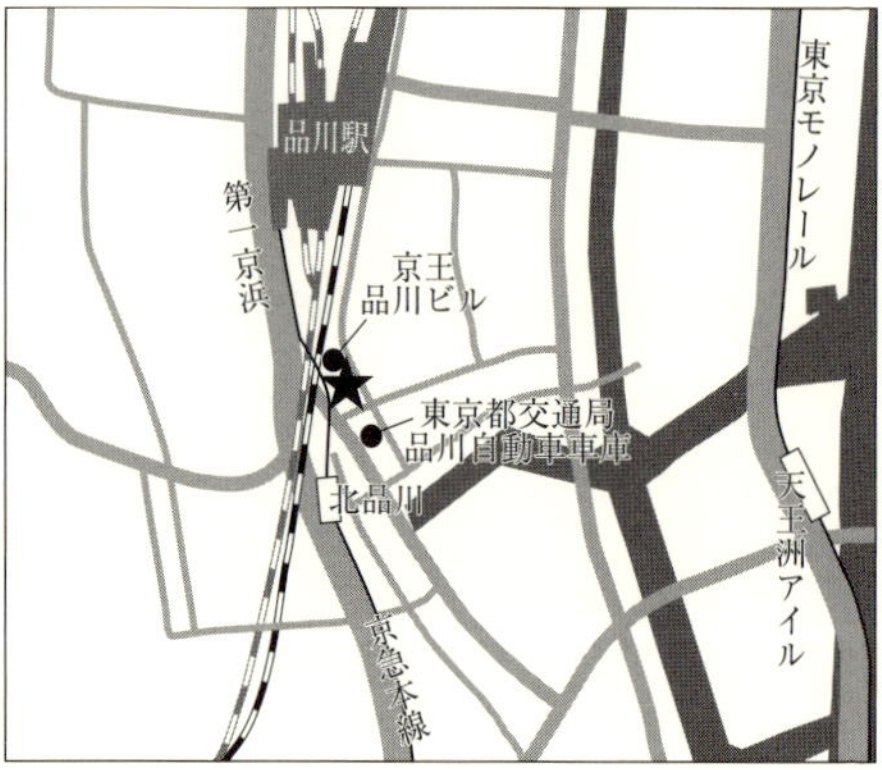

★保健場

この保健場があった場所を『週刊ベースボール別冊秋季号　１９５０―２０１１　わが愛しのスワローズ　国鉄から始まった栄光の軌跡』中の記事、「日本初の野球チームは鉄道工場で結成された」は、次のように記している。

「本格的な野球道具を手に入れた新橋アスレチック倶楽部は、新橋工場の空き地では手狭になってきたので、品川停車場のそばにある八ツ山下の広場に目をつけた。現在の品川区北品川1丁目、都営バスの車庫になっているあたりである」

私もおおよその辺りだと思うが、実際に地図と首っ引きで歩いてみると、微妙に品川駅に近い京王品川ビルのほうが近いのではないかと思う。この保健場の近くにあったのが旧東海道の品川宿である。

「昔は吉原を北国、品川を南国ととなえ、吉原へ千挺《ちょう》の駕《かご》が這入《はい》れば、品川へは五百挺の駕が這入ると云う程の繁昌を極めし東海随一の駅宿にて」と『東海道品川宿　思い出の記』（西川竹次郎著、私家版）にはある。

この本には「貸座敷　土蔵相模屋」についても記述がある。ちなみに、土蔵相模屋とは落語「居残り佐平次」の舞台としても有名な遊郭のことである。

「此の建物は仮宅にて明治六年の頃、池上在久賀原三木醤油製造業、俗に五万石氏へ譲り渡し同家は維新元勲いわゆる明治の大官連が日夜遊興に参られし名高き妓楼なり」

明治6年の品川宿には維新の元勲も足繁く通う場所だったことがわかる。こういう場所の近くに平岡がベースボールの専用グラウンドを作ったのは、ただたんに鉄道局の敷地が空いていたからではない。品川宿が近くにあったからだろう。

『ベースボールと陸蒸気』は平岡を、「広範な趣味で一生を遊び尽くした道楽の天才だった!」と紹介している。そういう人間が「ただ敷地が空いてるから」という理由だけで、八ツ山下に専用グラウンドを作ったとは思えない。

練習を終えたアスレチック倶楽部の面々が平岡に連れられて貸座敷に入っていく姿を、私は北品川を歩きながら何度も思った。そういう平岡のほうが私には好ましい。

3　インブリー事件の舞台、一高グラウンド

横浜居留地のアメリカ人チームを粉砕した精神野球

東大在学中の大正初期に劇作家として注目された久米正雄は大学卒業直前、同級生の芥川龍之介、菊池寛らとともに第四次『新思潮』を創刊し、ここに小説集『学生時代』に収められた「選任」「嫌疑」「復讐」「密告者」をはじめとする多くの作品を発表した。師、夏目漱石がそうだったように久米も野球好きだったらしく、「選任」では一高時代を回想したような野球シーンを約10頁にわたり描写している。

「正午の休課時間における高等学校の運動場は幾組かの野球試合をする群によって満たされていた。彼らは各々《おのおの》の寮室を中心としたチームで、たいていは庭球に用いるのと同じき護謨《ゴム》球《まり》を使っていた。それであのさほど広くもない運動場でさえ、一度に七八組の試合が入り交じって行われた。護謨球を用いているとはいっても、扱いようによっては非常に巧妙な技倆《ぎりょう》をも表し得るので、彼らの間には自《おのず》からなる強弱があった。そしてその組々が各々

の室《へや》を中心としている処から、かなり激しい敵愾心《てきがいしん》を燃やして、覇《は》を争うことなどもあった」

野球部がというより、一高全生徒が野球熱に冒されている様子がはっきりと書かれている。描写はさらに続く。

「久能、佐竹、橋本、小池、松田らその他の数人から成る南寮四番のチームは、例のごとく土堤《どて》に近い西南の一隅を占めて、医科三年の通学生チームを相手に、試合の最中であった。敵手も強いには強かった。しかし久能らの組も、寄宿寮で一二と指を屈する強いチームであった。（中略）その上彼らは他のチームに無い武器を持っていた。それは時機を計っては敵手に与うる、皮肉な嘲弄《ちようろう》と快活な弥次《やじ》であった。（中略）／『好漢松田、奮励一番せよ！』肥った身体《からだ》で動きがよく取れぬために、常に一塁ばかり守らせられている小池は、黄色い声を出して、こんな事を叫んでは人を笑わせた。（これは、その時の新聞に出ている早稲田大学の投手に与えた、ある運動記者の言葉であった）

（『学生時代』所収「選任」より　久米正雄著、旺文社文庫）

■新橋アスレチック倶楽部から一高時代へ

作家・久米正雄が旧制一高に入学したのは1910（明治43）年のことで、当時黄金時代は早慶両校の手に移っていたが、一高は依然として強豪校の1つに数えられていた。

驚かされるのは、この小説の野球シーンで描かれているのが一般生徒だということ。人垣からは「球を選べ《セレクツ・ユーアボール》」「遊撃を打ち越せ《ヒット・オーヴァー・ショート》」「四球を待て《ウエート・フォーア・ボール》」との声が飛び、南寮四番の投手、松田などは「得意なアウト・ドロップを捻《ひね》り出し」打者の空振りを誘ったと描写されている。一般生徒のやる野球にしては、ませすぎていないだろうか。実はこの頃、一高では野球は〝校技〟と位置づけられ、試合ともなれば〝全校応援〟の伝統が出来上がっていた。そういう野球熱の高揚が、久米の文章からは濃厚にうかがい知ることができる。

一高が黄金時代を迎える1890（明治23）年以前の話もしよう。前項で述べたが、その時代、野球界をリードしていたのは新橋アスレチック倶楽部である。これを作ったのは、アメリカ公使として赴任する森有礼とともに16歳のときに渡ったアメリカでベースボールに熱中し、自身「ニューヨーク・ダイヤモンド・グラウンド」というチームでプレーしていたこともある鉄道技師、平岡凞である。

平岡は帰国後の78（明治11）年、わが国初の本格的な野球チーム「新橋アスレチック倶楽部」の生みの親として専用球場（保健場）を作り、バット、マスク、プロテクターなどをアメリカのスポルディング社から取り寄せ、さらに技術面でも先進的役割を果たすなど、日本の野球に洗練された色彩を加えた。

スポルディング社について説明を加えると、創設者はボストン・レッドストッキングスの投手として、71～75年の5年間で２０４勝を挙げているアルバート・グッドウィル・スポルディングである。現役引退後はシカゴ・ホワイトストッキングスの球団会長兼オーナーとして手腕を発揮し、のちに実業家に転じてスポルディング社を世界的なスポーツ用品メーカーに育て上げた。

スポルディングが無償で野球用品一式を平岡に寄贈したのは、揃いのユニフォームに身を包んだ新橋アスレチックナインの写真に感激したこともあるが、野球が日本に広まれば野球用品が普及し、市場を最初に開拓したスポルディング社が利益を独占できると考えたから、と寄贈された野球用品の添え状にはある。

もし新橋アスレチック倶楽部がその後も存続して、日本の野球界をリードしたなら、と私は考える。よりアメリカナイズされたハイカラな競技として発展したかもしれない。しかし、完全に定着する以前の90（明治23）年に新橋アスレチック倶楽部は解散、それに取って代わったのは鍛錬重視の精神主義を標榜した一高だった。

■黄金時代を築くきっかけになったインブリー事件

一高の黄金時代到来は90年3月、本郷向ヶ岡（東京都文京区弥生1―1―1）に自治運営による寄宿寮ができたことと密接に関連している。全校生に入寮が義務づけられたことにより登下校の時間が短縮され、そのぶん野球に費やす時間が飛躍的に増加したのである。一高野球部ＯＢ、君島一郎は『日本野球創世記』の中で、この時期の盛り上がりを次のように書いている。

「向ケ岡に寄宿寮が出来て全校生が全部入寮するようになってからベースボール熱は沸騰し、キャッチボールにノックにこれをたのしむものが俄然増加した。それぞれ仲間が集まってクラブをつくり土手下クラブ、庭前《さき》クラブ、食堂前《まえ》クラブ、窓下クラブなどと称するものが出来て互いに技を競う。各人それぞれ腕前は進み、その間おのずからよいプレーヤーが続出するということになったのである」

久米正雄が「選任」に書いた野球シーンと見事に合致するではないか。

自治運営による寄宿寮ができた90年5月17日、一高が覇権を握るうえで見逃せない試合があった。一高グラウンドで行われた明治学院（当時・波羅《ポーロ》大学）戦がそれで、史上悪名高い〝インブリー事件〟はこのとき起こった。

6回まで6点リードされて敗色濃厚の展開。そんなとき明治学院のアメリカ人教師、ウィリアム・インブリーが正門からではなく、垣根を越えてグラウンドに闖入《ちんにゅう》してきた。

君島一郎は『日本野球創世記』の中で、この垣根を「俗塵《ぞくじん》の世と分つべく画されたる心霊の垣根」と紹介している。この大げさな表現は君島によるものではなく、第一高等学校第百参十六回寄宿寮委員が刊行した『一高魂物語』からの引用である。

敗色濃厚の展開も手伝って、インブリーは一高応援団の憎悪を一身に受けてしまった。「神聖な垣根をまたいで入るとは何事か」柔道部員が真っ先に詰め寄ると、寮生もこれに加わって、石を投げつけるなどしてその顔面を傷つけた。

試合はイニング途中だったが、続行できる雰囲気ではなく、0対6のまま中止になった。一高の劣勢は誰の目にも明らかで、一高寮の正史とも言える『向陵誌』ですらこの一戦を、「我部の南風競はざりしは事実にして会員は之を以て敗戦に類せりとなし、悉《ことごと》く謹慎し不日雪辱をなさんことを誓ひたり」と書いた。また、すでに結核を発病していた23歳の正岡子規もこの試合を観戦し、「一高は見苦しい」と批判していたと『日本野球創世記』の中に君島一郎は書いている。

この不面目な〝敗戦〟は、その後の一高野球に劇的な変化をもたらすきっかけとなった。

つまり、野球を「校技」と位置づけることによって遊びの感覚を除外し、試合ともなれば全生徒による「全校応援」を督励し、それに応えるため部員は猛練習に明け暮れるという一高野球の伝統が、この敗戦を契機に確立されたのである。そして、この年の11月8日、再び明治学院を一高グラウンドに招き一高は26対2の大差で雪辱する。この日から早慶両校に敗れる1904（明治37）年までの14年間、一高は野球界の頂点に立ち続ける。

■国際試合初のシャットアウト勝ち

野球界の頂点に立った一高だが、1899（明治32）年には凋落の危機が訪れている。春に二高（現東北大学教育学部）に敗れ、秋の練習試合では青山学院に2度も敗れ、『向陵誌』中の「野球部部史」は「三十二年は実に敗戦に始まり敗戦に終る、何ぞ夫《そ》れ沈滞、銷沈《しょうちん》の甚だしきや」と書いている。この危機を救ったのが、第2期黄金時代のエースとも言える守山恒太郎である。

君島一郎は『日本野球創世記』の中で守山のピッチングを「スラリとした長身で、動きは軽捷機敏。プレートに立つと満ち満ちた精気があたりを払う観があった。投球フォームの美しさ、冴え渡った切れ味はいつか観る者を恍惚境に誘い込むのだった」と称賛している。ちなみに、守山の体格は資料に「五尺六寸、十五貫」と紹介されているので、168

守山が壊した煉瓦塀（『日本野球創世記』〔君島一郎著、ベースボール・マガジン社〕より流用）

センチ、56キロだったとわかる。明治中期の日本人ではもちろん大柄の部類である。

この守山が制球難を克服しようと、来る日も来る日もグラウンド一塁側の物理教室の煉瓦塀《れんがべい》にボールを投げ続け、ついにその一枚を破損したという話がある。伝説めいているが、一カ所が欠けた煉瓦塀とその横に縦書きで書かれた「守山先輩苦心之蹟」の文字が、写真にもはっきりと残されているので現実の話である。

一高の精神野球をこれほどよく物語る逸話はなく、早大初代専任監督の飛田穂洲などは「鬼神守山恒太郎が横浜外人チームを破るべく日夜肝胆を砕き、ともすれば乱れがちな左腕のコントロールを月明に乗じて煉瓦塀に修練した尊い球痕」と『球道半世紀』（博友社）に書いている。この守山が、１９０２（明治35）年5月10日に行われた横浜外国人チーム戦で一世一代のピッチングを見せた。

その快投を紹介する前に、一高が繰り広げた外国人チームとの戦いをざっと振り返ってみたい。わが国初の国際試合となったのは１８９６（明治29）年5月23日に行われた一高対横浜外国人チーム戦。この試合の前評判は、圧倒的に外国人チーム優勢だった。

「外人はスパイクにユニフォーム姿で強そうだった。一高ナインときたら、丸首シャツのような上着に半ズボン。へこ帯を腰に巻きつけて黒のきゃはんに地下足袋《じかたび》。腰手ぬぐいという異様ないでたちもいて、捕手のほかは素手だった。どう見ても一高に分はなかった」

（須藤求・元横浜市体育協会長、Ｗｅｂ『横浜商業ワイワイ応援部』より）

この前評判を覆して一高は29対４で大勝する。同年6月5日の雪辱戦にも32対９で勝ち一高の名は大いに上がるのだが、１９０１年の試合は5対6で敗れ、さらに今回は軍艦ケンタッキー号から有力選手を補強しているので、侮れない相手だった。

しかし、守山の快速球に横浜の外国人チームは手も足も出ない。変化球にも触れると、カーブは打者の肩から膝まで二段に曲がるようなキレ味で落ち込んできて、打者ばかりか捕手まで捕るのにまごついた、と『日本野球創世記』は紹介している。

この２つの持ち球でアメリカ人チームを手玉に取り、終わってみれば4対0と圧倒し、守山はわが国初となる国際試合完封勝利の偉業を達成するのである。

■一高の黄金時代は遠い歴史の彼方

守山は一高卒業後、医科大学（東京大学医学部の前身）を１９０６（明治39）年に卒業。軍医として宇都宮師団に配属されると、その４年後には一等軍医に昇格している。優秀な軍医だったらしく、のちに陸軍軍医学校から東大伝染病研究所に派遣され、そこでチフス菌の培養処理中に病を得て31歳の若さで早逝している。

亡くなる５年前、26歳の守山の姿を描いた作品が『練習は不可能を可能にす』（慶應義塾大学出版会）所収の「野球と私」で、著者は太平洋戦争当時の慶大塾長、小泉信三である。

守山恒太郎（提供：野球殿堂博物館）

「年は私より余程の先輩であったが、テニスの選手としては格別のことはない。テニスコオトへ出れば、守山何者ぞ、とこっちは思っていた。ところが、その帝大の庭球部と慶應の庭球部とで野球仕合をやろうということになったので、遂に私が守山と野球仕合をしたという自慢が書けることになったのである。

守山がマウンド（当時ピッチャアボックスといった）に立てば、無論誰れも打てなかったであろう。こちらで忌避したのか、向うが遠慮したのであったか、彼れは三塁を守り、左利きの常として、ギゴチない姿勢でゴロを取って一塁に投げていたのが目に残っている。（中略）兎《と》にも角にも、自分は守山と野球仕合をしたという、名誉の記録だけが残っている。明治四十年頃のことである」

小泉は守山のことを敬愛していたらしく、「守山恒太郎ほどの人について生涯の記録の全く無いことは残念」と語っている。この言葉は戦後、一高校長を務めたこともある教育者・天野貞祐が向陵駒場誌の昭和四十六年四月号に「守山名投手のこと」と題して載せた一文中に紹介されている。

本郷から駒場に移転する１９３５（昭和10）年までの46年間、一高グラウンドは現在の東大農学部がある弥生キャンパスの中にあった。現在東大野球部員が汗を流す東大球場が北側に位置するのに対し、

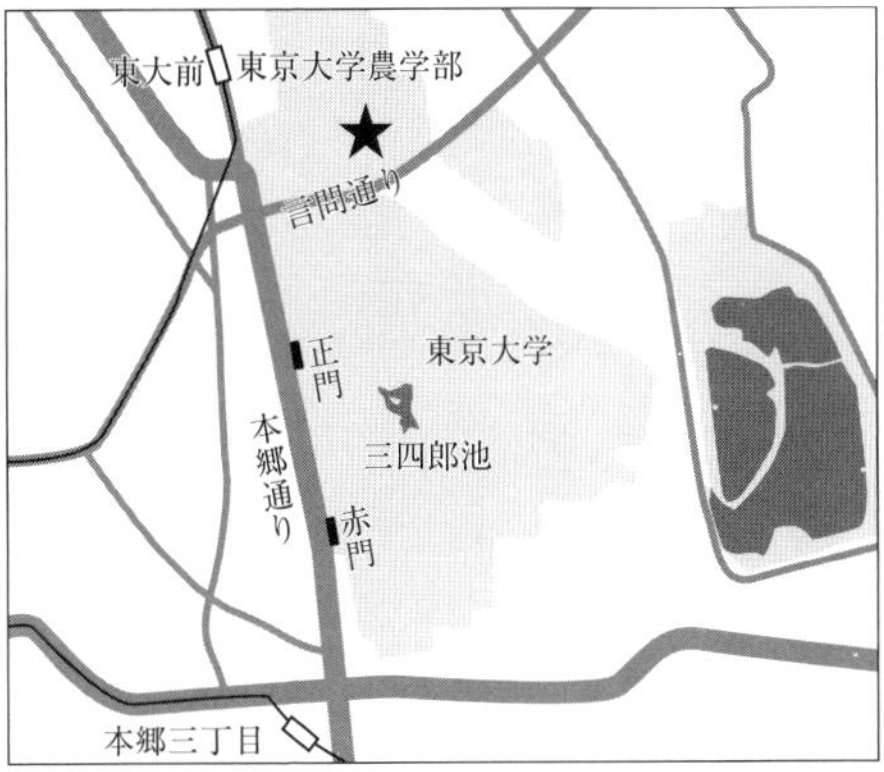

★一高グラウンド

日米野球、1934年11月18日・横浜公園球場（提供：横浜都市発展記念館）

一高グラウンドは言問通りに接する南側に位置していた。農学部3号館、5号館、6号館、7号館A・Bがある一帯も、一高グラウンド跡である。

守山恒太郎が来る日も来る日もボールを投げ続けた物理教室の煉瓦塀を資料で探すと、現在の農学部3号館辺りと推察できる。東大の建物はどれも文化財に登録されていいくらいの歴史を背負っているが、物理教室の煉瓦塀は今、跡形もない。一高野球部の黄金時代が遠い歴史の彼方にあることがしみじみとわかる。

一高にとってなじみ深い横浜公園球場にも触れよう。1874（明治7）年、居留外国人のクリケット場として作られたのがそもそもの始まりである。1934（昭和9）年11月18日には、ベーブ・ルース、ルー・ゲーリッグなど史上最も華やかな全米オールスターチームが全日本チームとこの横浜公園球場で戦い、ルース2本、ゲーリッグ1本など計5本のホームランが飛び出す一方的な展開（21対4）で全日本を一蹴した。

敗戦の年、アメリカ軍に接収され「ルー・ゲーリッグ・スタジアム」、返還後の55（昭和30）年に「横浜公園平和野球場」（通称平和球場）と名前が変わり、78（昭和53）年からは横浜大洋ホエールズ（現横浜ＤｅＮＡベイスターズ）の本拠地球場「横浜スタジアム」に建て替えられ、現在まで地元ファンに愛されているのは周知のとおりである。

■早大野球部の源流は一高にあり

東京六大学リーグ歴代11位の通算１１１安打を放ち、２年春から卒業するまでの６シーズン、ベストナインを連続して獲得した谷沢健一氏（元中日）が２０１０（平成22）年11月、東京大学野球部のコーチに就任して話題になった。これほどの実績を持つ早大ＯＢが東京六大学リーグの他大学をコーチすることは珍しく、東大野球部から見れば他大学の人間が東大生を教えることが異例である。まるで水と油のような早大と東大だが、ここに東大野球部の前身とも言える一高野球部を媒介させると様相はガラリと変わる。

〝学生野球の父〟と呼ばれる早大初代監督の飛田穂洲は自著『熱球三十年』（中公文庫）の中で、「地力をつくる資本は、練習より他に求むるなにものもない。一にも練習、二にも練習、三にも練習」と、早大野球部の礎となる精神野球を高らかに謳い上げた。この教えの原点にあるのが一高の選手が実践した猛練習で、同書は「一高から一高式の練習を取り去ったら尊敬に価するものはない」とまで書き、一高の猛練習を称賛した。その最たるものこそ、前で紹介した守山恒太郎の煉瓦塀への独りピッチングである。

伝説になりつつある一高の精神野球を、穂洲は深く愛した。そして、一高譲りの猛練習によってその精神性を確実に早大野球部に引き継ごうとした。そういう意味では、早大野球の源流は一高にあると言ってもいいのである。

文豪、夏目漱石が描いた野球シーン

「落雲館に群がる敵軍は近日に至って一種のダムダム弾を発明して、十分の休暇、もしくは放課後に至って熾《さかん》に北側の空地に向って砲火を浴びせかける。このダムダム弾は通称をボールと称えて、擂粉木《すりこぎ》の大きな奴を以て任意これを敵中に発射する仕掛である。いくらダムダムだって落雲館の運動場から発射するのだから、書斎に立て籠ってる主人に中《あた》る気遣はない」

国民的作家、夏目漱石の代表作『吾輩は猫である』の一節を紹介した。ダムダム弾とはどこかの国の新型兵器のようにも聞こえ物騒だが、主人公・苦沙弥《くしゃみ》先生の家に隣接する落雲館中学野球部の打撃練習で放たれたボールのことである。このダムダム弾をめぐって常日頃から苦沙弥先生と落雲館の間がよくない。垣根を越えて侵入する同校の生徒を「ぬすっとう」と叫びながら追いかけると、将官がのこのこ出てきて苦沙弥先生と口論のようになる。

「あれは本校の生徒です」
「生徒たるべきものが、何で他《ひと》の邸内へ侵入するのですか」
「いやボールがつい飛んだものですから」
「なぜ断って、取りに来ないのですか」
「これからよく注意します」

こんな会話が交わされるが、しばらくするとダムダム弾がまたもや飛んできて、苦沙弥先生はこんな感慨を洩らす。

「聞くところによればこれは米国から輸入された遊戯で、今日中学程度以上の学校に行わるる運動のうちで尤《もっと》も流行するものだそうだ。米国は突飛な事ばかり考え出す国柄であるから、砲隊と間違えても然るべき、近所迷惑の遊戯を日本人に教うべくだけそれだけ親切であったかも知れない」

『吾輩は猫である』は、高浜虚子率いる雑誌『ホトトギス』に１９０５（明治38）年１月号から翌06年８月号まで計10回にわたって連載されたのち単行本化されている。

この前後10年くらいの野球界の勢力図を説明しよう。04年６月に早慶両校が一高を続けて破り、早慶並立時代を確立したことは前で述べた。落雲館のモデルになった郁文館中学（現在の郁文館高校）が１８９７（明治30）年に王者一高を練習試合ながら２回破ると、青山学院も練習試合で一高に２連勝して強豪校の１つに数えられるようになった。ちなみに、当時の郁文館の主力選手は早大野球部初代主将・大橋武太郎と同３代目主将・押川清の２人。これだけ見ても郁文館の充実した空気が伝わってくる。

夏目漱石に話を戻そう。野球を愛した正岡子規とは東京帝国大学で知り合い、終生の交わりを結んでいることはあまりに有名である。そういう人間が野球を嫌いなはずがなく、1915（大正4）年春には一高対早大戦を見るため戸塚まで赴き、貴重な一文を残している。

「一高はサードベースの側を一杯占領していた。其数は千人位もあろう。皆白い旗を持ってそれを一度に動かす眼がちら〳〵する。自分の頭の上に居る男が比較的大きな旗を持っていてそれを夢中で振ると旗の端がぴたり〳〵と自分の頭や頬にあたる。一斉にたって怒鳴ると砂ほこりが立つ。衣服其他が黄色いこななぶれになる。（中略）十対五で一高が負けた時白軍は急に大風のあとのように静まった。千人の人が一人も口を聞かなかった。黙々として密集した隊伍が細い道をつゞいた。自分の前には太鼓をかついだ男が二人で歩いて行った。力がぬけて元気がなさそうに見えた。森が『撰手が泣いている』と云つた。私はどこだろうと思って見たが多人数に遮ぎられて見えなかった。

行列が一時とまった。『撰手が歩けないのです』と森が又自分に告げた。早稲田大学の北門を入って講堂の前へ出ると一高の生徒がみんな地面の上へあぐらをかいて休息している。粛然として一語を発するものがなかった」

（『断片』所収「早稲田ノベースボール」より）

『向陵誌』の自治寮略史附録年表には「校庭に三高野球軍を破り慶應をそのグラウンドに破りたれども戸塚に利あらず」と短く記されているだけだが、漱石の文章からは一高の全校応援の名残が見受けられ、負けることに納得できない一高野球部員が依然としてそこにいることに気づかされる。

さて、『吾輩は猫である』が書かれた1905～06年当時、漱石が住んでいた千駄木町57番地にあった漱石邸は現在、文京区向丘2丁目と地名を変えている。日本医科大学大学院医学研究科棟のはす向かいにあり、隣家との境にある塀の上には猫が悠然と歩いているモニュメントがあって楽しい。そして背後には〝ダムダム弾〟を発する落雲館ならぬ郁文館高校があり、そのホームページを覗くとこんなことが書かれていて笑わされる。

「郁文館の生徒たちは、隣家の主が後の文豪となることを知ってか知らずか、いろいろとご迷惑をおかけしたようです。（中略）現在は生徒を厳しく指導しておりますので、郁文館の生徒がご近所に弁当の食べかすや古新聞、古くなった靴などを捨てることはございません」（学校法人　郁文館夢学園ホームページより）

この旧漱石邸には1890（明治23）年10月〜92年1月まで森鷗外が住み、鷗外はここを千朶《せんだ》山房《さんぼう》と呼び、『文づかひ』を書いた。2人の文豪が住んだ邸は今、愛知県の明治村に移築・保存され、一般公開されている。

4 慶應義塾野球部のふるさと稲荷山グラウンド

新橋アスレチック倶楽部の流れを引いたエンジョイ・ベースボール

慶應義塾大学に野球部が創設されたのは1892（明治25）年である。とは言っても、それより8年前の84年にアメリカ人教師・ストーマーによってベースボールは伝えられ、88年には体育会野球部の前身・三田ベースボール倶楽部が組織されているので歴史はかなり古い。

草創期の実力について『慶應義塾野球部百年史・上巻』は「その技倆《ぎりよう》も進んで青山英和学校（現在の青山学院）と試合をしたのが最初で高等商業学校（現在の一橋大学）明治学院などと数回試合を行い、互に勝敗あり」と書かれている。

これを鵜呑みにできないのは、1933（昭和8）年から47年まで慶應義塾の塾長を務めた小泉信三がその著書『練習は不可能を可能にす』で、「明治学院や横浜Y高（横浜商業学校）といえば、当時の中等学校であるが、塾はそれ等の学校の好い相手というよりも、寧《むし》ろそれ等と試合をしてよく負けた」と書いているからだ。

強くなりきれない最大要因は練習環境にあった。野球部創部から約10年間、慶大はグラウンドの狭さに悩まされていた。どのように狭かったか『百年史』を読みながら検証していこう。

「稲荷山の下が塾のグラウンドで、これが非常に細長い菱形の妙な地形で、はじめ此処でばかりやっていたからベースボールのグラウンドは、こういう菱形のものだと思いこんでいた。一塁から二塁、二塁から三塁、その距離は正式だけれども、一塁と三塁の間が三分の二位しかない。従って、二塁と本塁の距離が一倍半位ある。それ故、二塁でアウトにするということはむつかしい。ほとんど不可能であった。三塁は割合にアウトしやすかったが、一間位後に塀があって、三塁が外すとこれに当って球がもどってしまうので、なかなかホームに入れなかったというおかしな形のグラウンドであった。外野も二塁をオーバーすると、センターが稲荷山の麓にあるのだから、大ていは山に入ってしまう。これを探すのが見物の幼稚舎生の仕事であった。遊撃手も後に退る余地もないから、二塁と三塁の間で守備をやっていたものである」

以上は野球殿堂入りも果たしている元横浜市長、平沼亮三が慶大時代を回想して書いたもので、このあとに、正式なグラウンドの広さにまごつかないよう、薩摩原《さつまっぱら》（現在の港区芝３丁目辺り）や仙台坂近くにあった原っぱへバックネットをかついで練習をしたエピソードが語られている。

この時期のこういった野球環境の悪さは他校も同様で、学習院と明治学院以外はどこも狭いグラウンドで練習せざるを得なかった。「皆最寄りの原ッぱで練習をしたもので、いま日比谷公園になっている広い原で麻布中学や正則中学等と試合をしたのも覚えている」と、これも『百年史』で紹介されている平沼の回想である。

同書には11対18で敗れている99（明治32）年９月24日の横浜商業戦のスコアも載っていて、戦評には「俄《にわ》かに広大なる場所に来りしを以て、自ら陣立《じんだて》の法整わず、敵をしてセーフやヒットの機会を課せしめたる事しばしばあり」とある。稲荷山グラウンドの狭さが実戦での勘を狂わせたような記述で、少し笑える。

■早大の挑戦状から始まった早慶戦

『慶應義塾野球部百年史・上巻』のグラビアには上半身裸で、柔道着のような袴に黒帯を結んだ左打者がバットを肩に担いで打席に立っている写真がある（明治30年頃のもの）。彼らが立つそのグラウンドこそ稲荷山グラウンドである。

平沼亮三だけでなく、小泉信三も「外野のライトは、稲荷山の麓を背にすることになった。後逸した球が、しばしば草の間に隠れ、試合が一時停止されるということがよくあった」と書いているが、地図と首っ引きで現地を歩くとこの文章がよく理解できる。そこは、少し広い道路くらいの広さしかないのだ。ちなみに稲荷山グラウンド跡には現在、大学院校舎が建っている。

新しい運動場を購入しようという話が出てきたのは１９０３（明治36）年のことである。慶大機関紙『三田評論』のホームページ中にある「立ち読み慶應義塾史跡めぐり」を読むと、当時義塾内には「智育体育の並立がやがて完全なる一個の人格を築くということから、義塾は単に教室の美を飾るばかりでなく、運動場も共に広めねばならぬ」という意見があったことがわかる。そういうとき、大学の近くにある蜂須賀茂韶《もちあき》侯爵が所有する３８７４坪を売却する動きがあった。「渡りに舟」とそれを坪７円で買い受け、運動場としたのが、野球史に名高い綱町グ

★稲荷山グラウンド

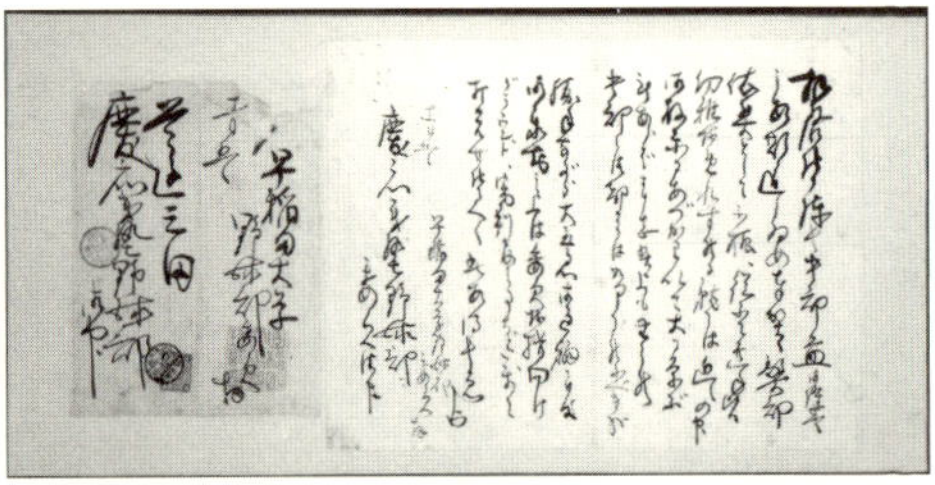

早大から慶大に送られた挑戦状（提供：慶應義塾福澤研究センター）

ラウンドの始まりである。

強くも弱くもなかった慶大が変わりはじめたのは、野球殿堂入りする宮原清、桜井弥一郎が入学する１９００、01（明治33、34）年以降で、特筆すべきは01年に敢行した関西方面への武者修行旅行である。往復３週間を要して奈良、和歌山、大阪、名古屋、静岡と遠征し、戦績は４勝１敗。２年後の03年にも２度目の関西修行旅行を行い、当時キャプテンの宮原が「わが野球部としては略《ほ》ぼ諸般の規模成り漸《ようや》く基礎の確立を見たと考えてよいと思う」と言うまでになった。

このように戦力・気力が充実した時期と綱町グラウンドの完成が重なり、慶大は劇的に強くなる。そして、その時期を見計らうように03（明治36）年11月５日、宮原宛ての〃挑戦状〃が早大主将・橋戸信から送られる。墨痕《ぼっこん》鮮やかなその巻紙には次のような文言が書きつらねてあった。

「拝啓仕候陳者貴部益御隆盛之段斯道の為め奉賀候弊部依然として不振、従ふて選手皆幼稚を免れす候に就ては近日の中御教示にあづかり以て大に学ぶ所あらば素志比上もなく候貴部の御都合は如何に候ふべき哉、勝手ながら大至急御返翰被下度御承知の上は委員を指向けグラウンド、審判官の事など万々打合せ仕るべく此段得貴意候也」

早い話が「教えを請いたい」という内容である。遅れること10年、先行する慶大に追いつきたいという早大の意欲がよく伝わってくる挑戦状である。これに対し、慶大の高浜徳一から早大の泉谷祐勝《すけかつ》に「了解した」との返事が送られる。この返信は東京ドームに併設されている野球殿堂博物館に常設展示されているので、機会があれば見ていただきたい。伝統の早慶戦はこのような経緯から、03年11月21日、綱町グラウンドにおいて挙行されるのである。

■記念すべき早慶第1戦は慶大が11対9で勝利

綱町グラウンドの土地の履歴についてもう少し付け加えよう。もともとこの辺り一帯は陸奥会津藩松平肥後守23万石の下屋敷だったのを、明治政府が徳川伯爵家（旧御三卿）、鍋島子爵家（旧肥前鹿島藩）、蜂須賀侯爵家（旧徳島藩）に払い下げ、のちに蜂須賀家から慶應に買い取られたことは前に書いた。

第１回早慶戦、両軍メンバー（提供：野球殿堂博物館）

土地を手に入れたからといって、すぐそれがグラウンドとして使用できるわけではない。『慶應義塾野球部百年史・上巻』はそのへんの苦心談を次のように紹介している。

「蜂須賀侯の邸内の地先の池を囲ったような竹藪だったのを石垣を作ってそこから土地を切り下げて整地した。三十六年の夏には柳弥五郎らが綱という親方を督励し、水抜きといって青竹を割って地中に入れた。雨が降ってもすぐ干《ひ》くのに役立った。更に清掃して早稲田と試合をやる前には、桜井弥一郎始め選手たちが、グラウンドの手入れを行った」

文中に出てくる柳弥五郎はれっきとした学生で、硬派の旗頭として知られている人物だ。第1回早慶戦で6番サードとしてスタメン出場するその柳が、土工の親方を督励してグラウンド作りに精を出しているのである。当時の大学生の大人びた様子がうかがえる話だ。

試合は点を取ったら取り返すスリリングな展開になり、7対8でリードされた慶大が8回表に4点を取って勝ち越した。早大は9回裏に1点を返したが後続を断たれ、11対9で慶大が記念すべき第1回目の早慶戦を制する。

『慶應義塾野球部百年史・上巻』はこの一戦を「古い創立の歴史を持つ先進の慶應と、彗星の如く現われた新進早稲田と……」と評し、さらに「戦前の予想では慶應が有利であったが兼ねて今日の試合に備えて練習を重ねた新興早大の肉迫もの凄く……」と、ことさら早大の若さを強調している。こういう部分にもライバル意識が見えて面白い。

■エンジョイ・ベースボールのルーツ

巨人V9監督として有名な川上哲治の著書『遺言』（文春文庫）を読んでいたら、ふいに音楽家、平岡養一の話が出てきた。指が短いので一流のピアニストになれないと外国人教師から宣告されたので、木琴なら手や指の短さは関係ないのではと一念発起し、世界的な木琴奏者になったという話で登場してくる。

演奏活動の一方で作曲家としても活躍し、応援歌『ニューオール慶應の歌』『慶應讃歌』は現在でも神宮球場でよく聴かれる。この平岡養一の伯父が新橋アスレチック倶楽部を創設した平岡凞である。

父は実業家になる寅之助で、若いときは野球で知られた存在だった。甲子園大会の前身、第1回全国中等学校優勝野球大会が豊中グラウンドで行われ、このとき始球式でボールを投げている朝日新聞社の村山龍平社長の背後で京都大学の荒木寅三郎総長とともに写っているのが当時、副審判長を務めた寅之助だ。

「インブリー事件」で有名な1890（明治23）年の一高対明治学院戦では審判を務め、ウィリアム・インブリー（明治学院博士）と過熱する一高応援団の間に割って入ってもいる。

この〝平岡一族〟と慶大野球部は縁がある。凞はアメリカから帰朝した1878（明治11）年に新橋アスレチック倶楽部を結成し、村尾次郎、松山陽太郎、岡田英太郎、浜口騰、黒田八郎たち塾生にベースボールを教えた人物としてよく知られている。

「兄は理論派、弟は実技派」と言われるほど野球技術に長《た》けていた寅之助は、慶大と直接的な縁はない。ただ、慶應の学生が多い新橋アスレチック倶楽部に在籍し、さらに慶應をはじめ、駒場農学校、明治学院、青山学院などの学生で構成されたクラブチーム、溜池倶楽部にも所属していたので、浅からぬ縁はあった。新橋アスレチック倶楽部解散後は他のメンバーとともに本格的に溜池倶楽部に移り、主にコーチとして活動した。

平岡養一は中等科から大学まで慶應一筋の学生生活を送り、経済学部に通っているときはすでに音楽家としてのスタートを切っている。前で述べたように後年、慶大の応援歌も作曲しているので慶大とは深い縁で結ばれている。

彼ら平岡一族のＤＮＡは慶大野球部に多大な影響を与えた。とくに、道楽大尽の異名を取る凞の遊びの精神は間接的に受け継がれ、直接的にはスポルディング社の創業者、アルバート・スポルディングから寄贈されたバット、ボール、野球規則書などが、新橋アスレチック倶楽部の解散とともに慶大野球部に寄贈された。

凞とスポルディングの関係にも触れよう。凞がアメリカの知人に送った手紙がスポルディングの目に触れたことからその交友は始まる。アメリカ滞在中いかにボストン・レッドストッキングスの名投手、スポルディングのプレーに魅了されたか、さらに日本に帰国後いかに日本初の野球チームを作ったか――その経緯を切々と書き綴った手紙を凞が出し、これにスポルディングがいたく感動した。

野球用具一式を凞に寄贈したさい、「野球道具は当分金銭の如何にかかわらずご援助の意味でお送りしますから遠慮なく申し出てください。これは当社が商売を離れてやるので

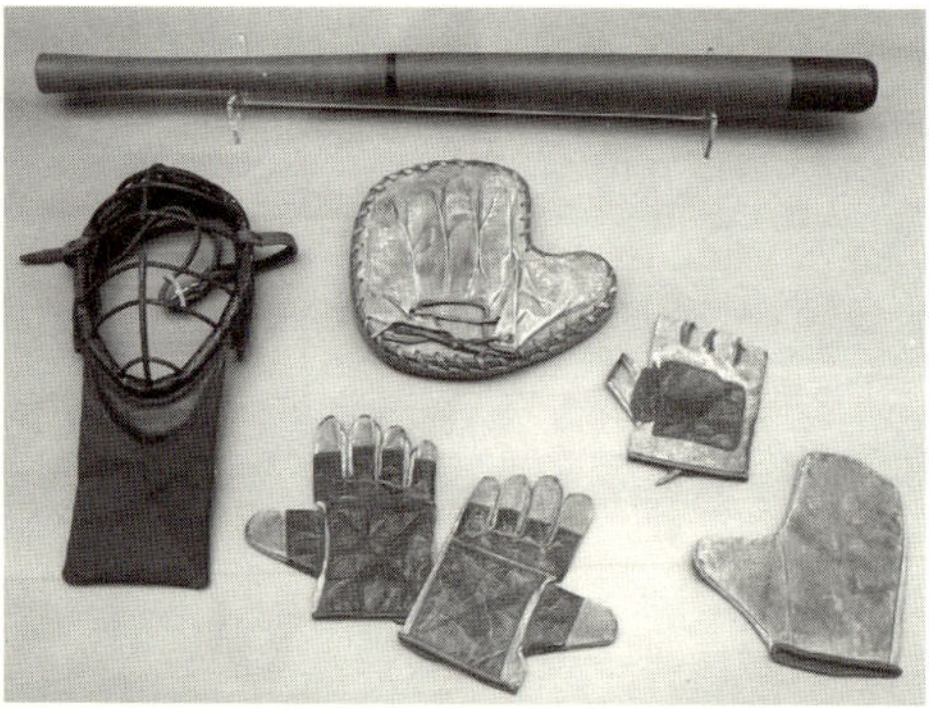
明治30年代の野球用具、複製品（提供：野球殿堂博物館）

はなく、商売のための一種の『広告費』と考えてやるのです。当社の野球道具によって貴国のベースボールが普及すれば、その時こそ、当社に野球道具の注文が殺到して莫大な利益を得ることができるでしょう」という手紙を添えた。したたかな商魂という捉え方もできるが、スポーツマンらしい照れ隠しのようにも感じられる。

『真説 日本野球史 明治篇』（大和球士著、ベースボール・マガジン社）は、新橋アスレチック倶楽部を解散した凞が慶大野球部に寄贈した野球用具を次のように紹介している。

一、見本箱（但し球十五個入り）一個
一、アメリカオフィシャルリーグ球（但し箱入り）六個
一、スポルディング写真一葉
一、野球規則書　六冊

一、広告書　十六冊
一、数取書　一冊
一、バット　七本

慶大野球部の身上は現在まで「エンジョイ・ベースボール」である。のびのび野球、と言うと軽すぎる。創設者、福澤諭吉にちなんで「独立自尊」と和訳したい。福澤の精神を反映した教訓集『修身要領』の第二条には「心身の独立を全うし、自から其身を尊重して、人たるの品位を辱めざるもの、之を独立自尊の人と云ふ」と書かれている。

人から強制されるのではなく、みずからの意思で取り組み、それがどこに出しても恥ずかしくないようなものであれ、とでも言ったらいいだろうか。ともにアメリカの影響を強く受けた福澤と平岡凞の自由を尊ぶ精神が、慶大野球部に色濃く反映されている。その精神を軽く「エンジョイ・ベースボール」と言うところに、慶大らしいダンディズムが感じられる。

04（明治37）年、早慶両校は華々しく野球界の表舞台に躍り出る。この時期頂点に立っていた一高を早大、慶大の順に破り、早慶並立時代を迎えるのである。

■アンフェアな一高審判のジャッジ

03年2月24日、まず慶大が一高と対戦する。どの資料にも「練習試合」とあるのが不思議だが、王者一高と正式な試合をするには当時の慶大は格下だった。『真説　日本野球史　明治篇』は、「向ケ丘にそそりたつ五寮の健児意気高し、の東寮寮歌にある通り、慶大何するものぞ、と低く見くだしたのである。だから正式の試合はお断りするが、練習試合ぐらいなら応じてやろう、というのである」とまで書いている。

当時の一高の傲慢さを示すエピソードがある。練習試合を行うにあたって慶大から一高に〝試合申込書〟とも言える一文が送られた。そこには辞を低くして「御試合致し度此段奉願上候」と書かれていた。それに対して一高側は「書式が悪いから書き直してこい」と申し込みを断る。どこが悪いのか問いただすと、「練習試合をお願い致し度御許可相成度云々」としなければいけないと言う。言われたとおりそのように書き直してようやく練習試合が認められるというありさまである。

試合は一高側から見るのと慶大側から見るのとでは、様相がまったく異なって見える。一高の『向陵誌』中の「野球部部史」は、「此日敵破れたりといえどもよく戦い、常に我を壓迫《あっぱく》し四回迄彼等は皆黒田のファーストボールを打ちてセーフヒットの連続を見たるが如き有様なりき、後年の対校試合の端緒を開ける試合として最も注目すべし」と、慶大の善戦ぶりを称賛する余裕を見せている。

これに対して『慶應義塾野球部百年史・上巻』は「こんな有様であったから従って審判を双方で選ぶというわけには全然行かない。泣く泣くその不公平な審判に屈伏して行かねば試合は出来ない。五分の力があっても一高には勝てない。一高が三分の勝ち味で慶應なり早大が七分位の強さを持っていても、勝利は覚束《おぼつか》ないのである」と書いている。

これがどういうことかと言うと、主審を務めたのが往年の名投手で一高OBの守山恒太郎。この守山が慶大先発・桜井の投球に対して徹底的に不利なジャッジを下した。ど真ん中以外はすべてボールとコールし、一高先発・黒田のコーナーに配した球はストライクとコールした。

4回が終わって7対2と慶大がリードした試合は、守山のアンフェアなジャッジによって8回表の一高の攻撃が終わった時点で7対13と逆転されてしまった。8回裏に1点、9回裏に2点取って追いつめるが、結局勝ち越しはかなわず、慶大は一高の牙城を崩すには至らなかった。

名投手・守山恒太郎の名誉にかかわることなので、慶大以外の資料で一高審判のジャッジがどんなだったか紹介したい。1948（昭和23）年に幕を閉じるまで一高との対抗戦で19勝18敗と勝ち越した三高の『三高野球部史』（第三高等学校野球部神陵倶楽部）は、著名な新聞記者・弓《ゆ》館《だて》小鰐《しょうがく》が『運動之友』（明治40年4月号）に寄稿した『三高襲来記』を紹介している。そこにはこんなことが書かれている。

「最後に一言したいのは、中野（武二）審判官の公平なる態度で、彼は一高出身の人なるにも関らず、公明的確一点の非を容るるに余地なき審判をなしたは、今迄吾人が見慣れた一高出身の審判官の非難多かりしに比して、一層彼が人格の高きを認めた」

弓館が人格の高さを称賛する中野武二は〝老鉄山〟の異名を取り、のちに野球殿堂にも入る一高OBで、非難多かりし審判官は慶大戦を見る限り守山をおいて他にいない。

守山に弁解の余地はなさそうだが、早大の中心選手・押川清が一高野球部の事情に詳しい人間に守山の評判を聞くと、「守山さんは決して不公平な人ではない。しかし、母校一高野球部のためなら他人にいくら悪口を言われても意に介さぬ母校愛の権化さ」と答えたという。これは『真説　日本野球史　明治篇』からの引用である。

この守山と慶大の因縁はさらに続いていく。

■早慶時代がやってきた！

04年6月1日、王者一高は早大の前に屈する。その翌日、今度は慶大が一高と対戦することになり、主審は早大戦と同様、一高OBの久保田敬一が務めるはずだった。しかし、慶大ナインが守備に就いたとき姿を現したのは守山審判だった。久保田が病気で守山に代わらざるを得なかったというのが一高側の答えだが、『慶應義塾野球部百年史・上巻』によると、一高応援団の中に久保田の角帽が見えたという。

試合展開を追ってみよう。3回が終わった時点で7対2と慶大がリードする展開は前の試合と似ている。守山のジャッジが露骨に一高寄りになるのもこの辺からで、8回が終わった時点で9対9の同点になり、9回表に一高が1点を奪い、慶大の運命は風前の灯にさらされる。

9回裏、慶大は2死から高浜徳一が内野安打で出塁し、同点のチャンスを迎える。続く桜井が放った打球はセンターの頭上を越え、一高グラウンドの土手のほうまで遠ざかり転々としたという。高浜が生還して同点。さらに打者走者の桜井が長身を飛ばしホームをめざす。ここからの描写は『慶應義塾野球部百年史・上巻』に譲る。

「中継した杉浦がそれをとると捕手の小西へ投げた。と小西の手は桜井の背に触れた。一高は危うく食止めたと喜んだ。しかしその時球は小西のミットをはじいて地上に転々としていた。流石《さすが》の守山もこれをアウトとは云えなかった」

『向陵誌』の「野球部部史」は「櫻井の一揮《ひとふり》仇をなして千仞《せんじん》の功を一簣《いっき》に欠く」と難解に表現しているが、あと一歩及ばなかったということである。11対10の僅少差で一高を破った慶大は、ここに早慶並立時代を高らかに宣言するのである。

■応援の過熱で19年間行われなかった早慶戦

慶大・綱町グラウンド、早大・戸塚球場で行われていた早慶戦は１９２６（大正15）年に完成した神宮球場で開催されるようになった、と言いたいところだが、早慶戦はある事情があってこの時期行われていない。

06（明治39）年10月28日、戸塚球場で行われた早慶１回戦は慶大が２対１で勝利したが、このとき慶大応援団が大隈重信邸の門前で万歳を三唱して物議をかもした。２回戦は綱町グラウンドで行われ、今度は早大が３対０で勝利して早大応援団が三田キャンパス内にある福澤諭吉邸前まで出張って万歳を絶叫した。

こう書いても臨場感が伝わってこない。早大の〝弥次将軍〟として知られる初代応援団長・吉岡信敬が書いた『野球界大怪事　早慶紛争回顧録』（横田順彌著『嗚呼!!　明治の日本野球』所収）に、このときの様子が次のように書かれている。

「慶応応援隊の喜びようは全く有頂天だった。誰彼の差別なく、悦《うれ》し紛れに地団駄踏んで躍り出す。彼らは手に手に小旗を打ち振りながら、運動場から出て道すがら大隈伯邸の門

前まで来ると、凱歌の声は一際高く、

『慶応万歳万歳』

と連呼しているうちはまだよかったが、次には無礼千万にも、

『大隈伯顔色ありや』

『ざまあ見ろ！　大隈！』

などと怒号する。この光景を目撃した早大学生はいずれも切歯してくやしがった」


当然、2回戦に勝った早大応援団の騒ぎようは尋常でなく、福澤邸の門前（現在の福澤公園）まで来ると「早稲田万歳！　慶応ざまあ見ろ！」と絶叫し、今度は慶大応援団が切《せっ》歯《し》扼腕《やくわん》することになる。

『慶應義塾野球部百年史・上巻』には慶大の応援隊長・谷井一作の筆による早慶戦中止前後のありさまが紹介されていて貴重である。

「試合の日が迫ると共に両校の興奮は、いやが上にも高まり、決勝戦の当日には、早稲田は芝園橋の原に集合し、吉岡弥次将軍が馬に乗って乗りこむのだという報告まで入ってきた。／私達はこれに対抗すべく、前夜から山上の講堂や綱町の道場に泊りこみ、翌朝早く

からグラウンドを占領する計画を立てた。我々は又試合後の乱闘を予想し、万一の場合を覚悟して下に着る柔道の稽古着を清潔に洗って待ちかまえた」

死に装束は白い和服と決まっているので、慶大応援団の悲壮な覚悟がうかがえる。このような経緯から11月11日に行われる予定の3回戦は中止になるのだが、吉岡信敬の著書には、1週間くらい経ったら試合が再開されると考えている安部の様子が描かれている。しかし、予想外に事態は紛糾し、早慶戦の再開はそれから19年後の25（大正14）年10月19日まで待たなければならなかった。世に知られる早慶紛争の顚末である。

■リンゴ事件で大混乱

早慶戦中止に至った応援団の過熱ぶりとともに、早慶戦の激しさを物語る事件が野球史に名高い〝リンゴ事件〟である。

33（昭和8）年秋の早慶第3回戦、8対7でリードした早大が9回の攻撃に入るとき、慶大三塁手・水原茂の周囲には食べかけのリンゴやナシが転がっていた。水原がこれを拾い、グラウンドの隅に片付けていると、ひときわ大きなリンゴが早大応援団が陣取る三塁側スタンドから水原めがけて投げ入れられた。水原はこれを拾って三塁側スタンドに投げ返す。このときは何事もなくゲームは淡々と進んでいく。

早大無得点でゲームは8対7のまま9回裏に入り、無死二、三塁のチャンスをつかんだ慶大は井川喜代一が左中間にヒットを放って2人が生還、劇的な幕切れとなる。ちなみにこのシーズン、優勝したのは監督を置かない自主運営で戦った立大で、早大は3位、慶大は4位と低迷している。

優勝に影響しない一戦でも、早慶戦は普通のゲームとは違う。それを思い知らされたのがゲーム後の混乱である。サヨナラ負けに激昂した早大の一部応援団が早大選手の制止も聞かずグラウンドに乱入したのだ。

「試合終了と同時に早稲田応援席から羽織袴を着た男がグラウンドに飛び降りた。早稲田野球部員が男を制止する間に塾野球部員はただちにベンチから地下道に避難し、車で合宿所に引きあげて難を逃れたが、慶應応援席が勝利の『若き血』に酔うのを見て、さらに数十人の学生が『水原謝れ』と叫びながら慶應側応援席に向かってきた。彼らはフェンスの上で応援歌の指揮をとる柳井団長の足もとに群がって引きずり下ろそうとしたので、柳井は反射的に学生たちを指揮棒でこずいた。すると暴徒のひとりがさらに激昂して指揮棒にすがりつき、フェンスの上と下で指揮棒の奪い合いになり、ついに指揮棒は鷲の部分だけ柳井の手に残して折れてしまった。

樫材の部分を奪った男はさらに棒を膝に当てて折り、勝ち誇ったようにグラウンドを駆けまわった末に群衆の中に姿を消した。

『指揮棒を返せ』

『水原が謝ってからだ』

興奮はスタンドの全学生たちに伝染し、グラウンドに降りる学生があいついだ。一触即発の事態に四谷警察署長以下二四〇名の警官隊が出動し、両校応援部の尽力で最悪の事態は回避された」


（『慶應義塾大学応援指導部75年通史』応援部三田会のブログより）

早大野球部長の辞任、早大応援部の解散に続いて、当事者の水原も賭博麻雀で検挙されたこともあり野球部を去ることになる。さらにこの事件が契機となり、慶大の応援席は三塁側、早大の応援席は一塁側という現在まで続くスタイルが定着するのである。

■ラーゲリの中の早慶戦

三原脩、鶴岡一人とともに三大監督と呼ばれる水原茂（元巨人）は満州出征後、終戦と同時にソ連軍に連行され、シベリアのラーゲリ（強制収容所）で抑留生活を送っている。作家・獅子文六と対談した「シベリアで野球を憶う」（『「文藝春秋」にみるスポーツ昭和史』所収）によると、日本に帰還する約2カ月前のメーデー（5月1日）の日、中隊対抗の試合をしている。

野球を知らないソ連に野球のボールはない。そこで綿や布屑を糸で巻いて芯にし、それをテントのような厚い布でくるんだボールを作った。水原曰く「よく飛んで五十メートル位ですね。最後の集結所ナホトカに来た時も中隊対抗やりましたが、このときはボールが悪くて、二十メートル飛べばいい方でした（笑声）」と笑いがあるのが救いである。

モスクワ東南に位置するエラブカという収容所には〝最後の早慶戦〟のときの慶大主将・阪井盛一、そして逆モーションで知られる早大の名左腕・谷口五郎たちがいた。彼らがどのようなところに収容されていたかというと、慶大ラグビー部OB、根本雄太郎という人が次のように描写している。

「収容所にあてられた建物は、電気も水道もある三階のコンクリート建に違いなかったが、明らかに刑務所として使用された形跡のあるところであった。弾痕著しいレンガ壁の囲い、まっ暗な狭い廊下、天井の低い窓の小さな部屋など、すべてはトルストイの『復活』に示

水原茂の帰還報告、1949年７月24日（提供：読売新聞社）

された陰惨な処刑場を彷彿《ほうふつ》させる」

（『東京六大学野球外史』より池井優著、ベースボール・マガジン社）

この収容所で早慶戦をやろうという声が47（昭和22）年春に上がった。『東京六大学野球外史』からそのときの様子を再現していくと、野球道具は小石にボロキレを巻きつけ、それを糸で縛って芯にし、ここに外套や防寒長靴の内側の革を切り取ったのを糸で縫い合わせて3個のボールを作り、バットは白樺の木を加工して作った。

試合は早大の先発・谷口に往年のスピードがなく、打棒が勝った慶大が5対3で勝ち、1対10で敗れた〝最後の早慶戦〟（43年）の雪辱を果たす格好になったが、凄いのはその後、明大、法大、立大、東大のメンバーを集めリーグ戦をやったことである。発疹チブスの発生によって1、2試合で中止になったというが、早慶戦、あるいは東京六大学リーグへの思いの強さが伝わってくる話だ。

歴代8位の通算114安打を放ち（首位打者1回）、監督としては22シーズンで6回の優勝を果たし、名将の名をほしいままにした早大・石井藤吉郎もシベリア抑留経験を持つ。野球は労働が休みの日に捕虜たちが集まって三角ベースを楽しんでいたというが、藤吉郎は「野球を知らない」とシラをつき通し、参加しなかった。人それぞれである。

石井藤吉郎は47（昭和22）年10月、水原茂は49年7月に帰国した。水原はその足で巨人対大映戦が行われる後楽園球場へ行き、「水原茂、ただいま帰ってまいりました」という歴史に残る帰還報告をすることになる。

■三田から麻布の坂道を歩く

慶應義塾大学三田キャンパスがある辺りは坂が多いことで知られている。JR山手線田町駅を下車して慶応仲通り商店街を抜けると正面右に慶大がある。さらに、桜田通りを赤羽橋方向に行くと正面に東京タワーが見え、少し行って「三田一丁目」の信号を左折すると綱の手引坂。ここを起点にしばらく歩いてみよう。

『徳川家の江戸東京歴史散歩』（徳川宗英《むねふさ》著、文春文庫）によると、「綱の手引坂」という名は鬼退治で知られる平安時代の武将、渡辺綱に由来するという。平安時代と東京港区がどうつながるのか釈然としないが、三井倶楽部とイタリア大使館の間にも渡辺綱を連想させる「綱坂」がある。三田が渡辺綱の出生地であることは間違いないようだ。綱坂は別名「馬場坂」とも言われ、同書は慶應義塾中等部がある場所に馬場があったことからその名がついたと示唆している。だとすれば、中等部から歩いて数分のところにある慶大野球部の聖地、綱町グラウンドもかつては馬場だったのだろうか。

綱の手引坂に戻ろう。永昌山龍源寺を右に見ながら坂を下ると、そこは日向坂の始まりでもある。左にオーストラリア大使館、三田共用会議所があり、この先の急な坂を下ると、上には二層の高速道路、首都高速2号目黒線がある。

この高速道路をくぐり二之橋を渡ってしばらく行くと仙台坂にさしかかり、その中ほどに元麻布ヒルズというワインボトルを逆さにしたような瀟洒《しょうしゃ》な高層建築がある。そこは慶應義塾の創設者、福澤諭吉とその妻・錦が埋葬されている善福寺の敷地内だったところで、善福寺境内には国の天然記念物に指定されている大イチョウがある。

仙台坂を上がりきったところに「年金積立金還元融資　麻布野球場」という看板のかかった球場がある。ここを小説の中で描いているのが伊集院静である。

「男は先刻から聞えていたかん高い声のする方を覗いた。すると夏草のからまった金網の向うに、カクテル光線の下で野球をしている人達が見えた。／こんな都心の真ん中に野球場があるのかと驚いた。四方を金網で囲まれたグラウンドは夜間照明もあり、小さいなりにベンチ、スコアボード、外野には新緑の芝が光っていた。眼鏡の男はベンチのそばに立って、アンダーソックスを履き、スライディングパンツの紐をしめていた」

（『三年坂』所収「水澄」より　伊集院静著、講談社文庫）

野球を人生の中に巧みに投影させる伊集院静らしい小説で、主人公は最後のほうで「危険なことは避けなくちゃあいけなかったんだ。（中略）男はわざと危険な場所を選んで生きてきたように思った」と人生を振り返る。〝エンジョイ・ベースボール〟慶應義塾大学野球部のお膝元、三田らしからぬ暗色に彩られた作品だが、野球のシーンがひときわ印象に残る佳作である。

5 最後の早慶戦の舞台になった戸塚球場

安部磯雄と飛田穂洲《すいしゅう》が見守った早稲田精神野球の聖地

井伏鱒二みずから「自伝風随筆」と言う『荻窪風土記』の中に、震災直後の早稲田界隈を描いた「関東大震災直後」がある。震災が発生した1923（大正12）年当時、井伏はすでに早稲田大学を中退していたが、依然として大学近くの下戸塚の下宿屋に住んでいた。そして、震災に遭った井伏は戸塚球場に避難し、いつも同じ場所で練習を見守る早大野球部初代部長、安部磯雄を回想して、こんな文章を書き残している。

「私たち止宿人は（夏休みの続きだから、私を加えて、四、五人しかいなかったが）誰が言いだしたともなく一団となって早稲田大学の下戸塚球場へ避難した。不断、野球選手の練習を見たり早慶戦を見たりしていたグラウンドである。（当時、早慶戦はまだ神宮球場で試合をしていなかった）私は三塁側のスタンドに入って行った。そこへ早稲田の文科で同級だった文芸評論家の小島徳弥がやって来て、私たちは並んでスタンドの三塁寄りに腰をかけた。

『お宅、どうだった』と小島徳弥に訊くと、借家普請だが平屋のせいか、柱時計が落ちて瓶が砕ける程度の災難で、両親も新婚の細君も異状なく、さっきから一塁側のスタンドに避難しているところだと言った。見れば一塁側のホーム寄りのところに、小島君の細君が白地の着物をきて腰をかけ、その両脇に小島君のお父さんと蝙蝠傘《こうもりがさ》をさしたお母さんがいた。それはホーム寄りの下から何段か上の場所で、いつも早稲田の野球選手が練習のとき、野球部長の安部磯雄先生が腰をかけているところであった。安部先生はどんなことがあっても、選手が練習しているときには必ず同じ場所に腰をかけ、初めから終りまで片方の目を閉じたきりでプレーを見守っていた」

（『荻窪風土記』中の「関東大震災直後」より　井伏鱒二著、新潮社）

相模湾を震源地とする未曾有の大震災が発生したとき、井伏鱒二は早大のホームグラウンド戸塚球場（のちの安部球場）に避難し、震災直後の混乱した様子をつぶさに書き残している。右の文章がそれである。この前年、井伏は早稲田大学と日本美術学校を退学し、下戸塚の茗渓館という下宿に住んでいた。下戸塚で一番古ぼけた下宿屋だったらしく、コの字型の建物ゆえに倒壊は免れたが、2階の屋根がのめるように道路のほうに傾き、階段は階段としての用をなさなくなるほど宙に浮いたと書かれている。

避難した場所が「不断、野球選手の練習を見たり早慶戦を見たりしていたグラウンドである」と書かれているのが印象深い。プロ野球がないこの時期、東京六大学野球リーグは最大の娯楽として市井《しせい》の中に定着していた。そして、そういう野球風景を『さざなみ軍記』『多甚古村』『山椒魚』などの作品で知られる井伏鱒二が書くというのがどことなくミスマッチで面白い。

ミスマッチと言っても、『荻窪風土記』中の「平野屋酒店」には、昭和2年頃、荻窪野球チームを作って試合をしたと書かれているので、相当な野球好きであったことは間違いない。ポジションは外野だったという。

■戦争をやる者はほかにおる

「選手が練習しているときには必ず同じ場所に腰をかけ、初めから終りまで片方の目を閉じたきりでプレーを見守っていた」と書かれている安部磯雄が早大で教鞭を執るのは、まだ東京専門学校と呼ばれていた1899（明治32）年のことである。

「当時の校舎は、煉瓦造ではあったが、一見貧弱なる講堂（大正十二年九月一日の地震のため崩壊）と汚れて狭苦しい教場とが僅に三棟ばかり建並んでいたに過ぎない」

『早稲田大学野球部百年史・上巻』（編纂者　飛田忠順〔穂洲〕）に描かれた１９０１年当時の東京専門学校の佇まいを紹介した。安部がここで教鞭を執るのは前述したようにそれより２年前の１８９９年のこと。さらに汚れて狭苦しい様が目に浮かぶようである。

東京専門学校を写した写真がある。学校の建物が４棟正面に見え、小さな道路を挟んだ手前には農家らしい家が６軒あり、その前面には畔で区切られた田んぼがびっしりと敷きつめられている。そして、学校の裏には早稲田の杜《もり》がこんもりと繁っている。

野球部創部２年目の02年、東京専門学校は早稲田大学と改称された。この改称を契機に、学校裏の竹藪や畑、さらに田んぼを潰して新しい運動場が作られた。これが東京六大学野球のリーグ戦のみならず、現在のプロ野球がその黎明期に名勝負を繰り広げた戸塚球場、のちの安部球場である。

「当時はむろん付近の物持ち百姓の所有した畑地、その昔、名物みょうがが、ここから産出されて神田あたりの市場に送られたものであった。グラウンドの東北にあたる低地は、今こそ新開地らしくゴモゴモして、王子電車の早稲田駅などが乗り込んでいるが、いわゆる早稲田たんぼといわれた水田、かわずの声に夕闇が迫る物さびしいところだった」

（『熱球三十年』より　飛田穂洲著、中公文庫）

戸塚球場の誕生は、早大野球部に劇的な変化をもたらした。それからわずか2年後の04（明治37）年、時の一高を倒し、慶大を破り、学習院を一蹴し、四大雄鎮の王座を占める。その年の7戦の戦いぶりは次のとおりである。

5／27　早大14—7学習院
6／1　早大9—6一高
6／4　早大13—7慶大
7／2　早大28—3横浜外人
7／20　早大3—2学習院
9／24　早大18—2横浜外人
10／30　早大12—8慶大

その少し前、早大初代野球部長・安部磯雄は部員たちに、東京中の一流チームをすべて破って全勝したらアメリカへ遠征させてやると約束していた。安部自身、まさか創部4年

★戸塚球場（のち安部球場）

目のチームが全勝するとは思っていなかったのだろう。

余談だが、この明治37年2月8日に日露戦争が勃発している。日銀副総裁の高橋是清はこの時期、アメリカ、イギリスに渡って外債募集に奔走、戦費を調達しているが、資源のない日本の公債を引き受けようという国は当初なかった。

当時の日本の国家予算は2億5000万円（現在の貨幣価値に直すと約2兆5000億円）。こういう時期に総勢13人が5500円という大金を投じてアメリカに乗り込み、1カ月以上の野球行脚《あんぎゃ》（船中泊を含めば約3カ月）に出ようというのである。反発が起こらないわけがない。

アメリカ遠征の許可を求める安部に対して、学校当局は眉を吊り上げ、これを一蹴した。安部も学生に約束した以上おめおめと引き下がるわけにはいかず、学校創立者の大隈重信に直談判するという強硬手段に打って出る。

このときの安部と大隈のやりとりを大和球士は『真説　日本野球史　明治篇』（ベースボール・マガジン社）の中で次のように再現している。

「『……親善使節の役を果たしたいというのか……よかろう、国のためになることなら、どんな困難をおかしてもやりなさい』

反対するどころか、激励した。それだけではなかった。渡米全費用五千五百円も大隈侯

早稲田大学第1回アメリカ遠征（提供：野球殿堂博物館）

が調達してくれた。感謝の辞を述べて、去ろうとした時、大隈はこういった。

『学生には学生のなすべき道がある。戦争をやるものはほかにおる……』」

こんな言葉を吐く教育者が当時、日本にいた。この言葉を安部は終生忘れなかった。ちなみに、この5500円という大金は借金である。初代専任監督の飛田穂洲は著書『熱球三十年』の中で、「明治三十八年の第一回渡米遠征の借銭が、大正九年、すなわち私がコーチになったのちまで持ち越されていたほどの窮状で……」と書いている。

■早大野球部のアメリカ遠征がもたらした成果

早大野球部のアメリカ遠征は、その後の日本野球に大きな影響を与えた。『早稲田大学野球部百年史・上巻』は、アメリカ遠征が果たした役割を「幼稚であった本邦野球界がいかに啓蒙されたか」と断ったうえで、「従来の練習法なるものは殆んど一定の型を成さなかった。早大帰朝後全く面目一新し、打撃練習、投手練習等の後年の秩序ある練習法を教えた」と書いている。同書は早大のアメリカ遠征がもたらしたものを具体的に示しているので、わかりやすい表現で紹介しよう。

◇**二塁に走者がいるときのけん制**……以前は二塁手がベース上にぴったりついて走者の離塁を許さなかったが、遠征後、二塁手は普通の守備位置を取り、遊撃手と呼応して走者をけん制するようになった。

◇**一塁走者の二塁刺殺**……以前は一塁走者を二塁で刺す場合、二塁手だけが捕球していたが、遠征後は遊撃手も参加するようになった。

◇**スクイズ**……遠征後の早慶戦で早大が初めて用いて成功、それ以降広く行われるようになった。ちなみに、当時はスクイズとは言わず、バントエンドランと言っていた。

◇**バントの運用**……渡米前も「ブント」と呼び、たまに行われていたが、戦術として用いるようになったのは遠征後である。

◇**ウォームアップ**……以前はキャッチボールの最初から力いっぱい投げ合っていたが、遠征後は軽い予備運動（ウォームアップ）から行われるようになった。

◇**スローボール**……チェンジ・オブ・ペースの効用を知ったのもこのときからである。

◇**ワインドアップ**……今では当たり前のワインドアップが導入されたのもこの遠征によってである。対アメリカ戦、26試合中24試合に登板した河野安通志《あつし》は明治38年秋、早慶戦で初めてワインドアップで投げ、奇異の目で見られたという。

◇**スライディング**……これが行われるようになったのも遠征以降である。当時はすべてヘッドスライディングで、足から滑るフックスライディングが行われるようになったのは明治42年以降である。

同書は導入した新技術を一通り紹介した後、次のような言葉で締めくくっている。

「科学的野球を研究して帰来し、これを自家薬籠中のものにしなかった点に（自分だけのものにしなかったの意）、当部の真価は認められ、安部部長の教訓も其処にあったのである。就中《なかんずく》当時の主将、橋戸信が苦心の末、著述した『最新戦球術』一巻は、日本野球界を稗《ひ》

益《えき》した事決して少なくない。（中略）
当部第一回の渡米によって、日本球界が科学的に覚醒された事は争うべくもない。当部は実に科学的野球の革命者であった」

早大野球部の日本野球界に対する恩恵はそれ以降も続く。

1920（大正9）年に誕生した日本最初のプロ野球チーム、日本運動協会（芝浦協会）の設立に尽力したのは早大野球部OBの河野安通志、押川清、橋戸信の3人である（全員、野球殿堂入り）。現在のプロ野球が発足した当初、まともな球場がなかった東京に後楽園球場を作ろうと尽力したのもやはり河野と押川の2人である。

日本野球の恩人を挙げろと言われれば、私は躊躇なく「早稲田大学野球部」の名前を最初に出す。それほど早大野球部が日本球界に残した貢献は大きい。

■飛田穂洲のシカゴ大学への復讐戦

1902（明治35）年、早大初代野球部長・安部磯雄が大学裏の畑地を借地して整備したのが戸塚球場、のちの安部球場の始まりである。ここを舞台に演じられたさまざまな試合こそ日本野球草創期の歴史そのものと言っても過言ではない。

08年には3A選手で構成されたプロの混成チーム「リーチ・オール・アメリカン」が来日して早大と対戦、5対0で一蹴している。10年にはシカゴ大学が来日し、早慶両校と3戦ずつ対戦して、やはり全勝している。善戦した慶大にくらべ、早大は招聘した張本人でありながら大敗の連続だったためマスコミの風当たりが強く、主将の飛田忠順（穂洲）をはじめ主力4選手が責任を取って引退する騒ぎに発展する。

この年から30（昭和5）年までの20年間、シカゴ大を招いての試合が5年ごとに行われ、25年には飛田穂洲監督の采配によって初めて勝ち越しているのだが、それ以前に、飛田が早大の初代専任監督に就任するときの心境はどんなものだったのだろう。

屈辱的な敗戦から10年たっても、飛田は野球を見るたびにシカゴ大に雪辱を果たす日のことを考えていた。憤怒の炎というよりも、母校野球部に相済まぬという気持ちのほうが強かった。しかし、30歳の男が早大の選手として戦えるわけもなく、もはや打倒シカゴ大はわが子に託すしかないと思っていた矢先、専任監督の話が聞こえてきた。ここから先は『熱球三十年』が語る、飛田の生の感情に触れてもらいたい。

「押川君の話を聞きつつある間に、自分の胸は妙にわくついた。うかつにもかかる好機のあったことに気がつかなかった。わが子にゆだねるまえに、こうした一手もあったのだ。

ひょっとしたら自分の手でシカゴへの復讐ができるかもしれない。そう思うと矢も楯もなく、自分がそれを買って出たいような気がした。

『それをぼくにやらせてくれないだろうか』

まったく不用意にこういいきった」

これが19（大正8）年のことである。月給が3分の2に減っても早大野球部の初代専任監督に就任したのは、シカゴ大に燃やす雪辱への執念と言っていい。そして、25（大正14）年11月9日、1勝1敗2分で迎えた最終戦、早大は0対4からシカゴ大に逆転勝利した。このときの心境を飛田は『熱球三十年』の中で、こんなふうに述懐している。

「選手たちからすれば、早慶

飛田穂洲（提供：野球殿堂博物館）

戦や早明戦に勝ったほどの感激はなく、ファンもまたそれほどにはよろこぶふうもなかった。（中略）／しかし、穂洲は夢心地でわが家に帰った。抱きついてくる忠広、忠英の二児を抱いて、ホロホロと涙が落ちた」

この勝利を機に、飛田は6年間に及ぶ早大専任監督の職を辞した。

■最後の早慶戦

昭和になると日本初のナイターが戸塚球場で行われている。08（明治41）年にワシントン大学を招いたときには周囲に木柵をめぐらし、三塁側の土手に段差を作って座席代わりにしていた。そんな粗末なグラウンドが、25年後の33（昭和8）年には照明設備を備える立派な球場に様変わりしている。ちなみに、このナイターのカードは、記念すべき試合としてはまことに地味な早大二軍対早大新人である。

現在のプロ野球が発足したばかりの36（昭和11）年7月1日には勝ち抜きトーナメント「全日本野球選手権東京大会」が開催されている。どうしてプロ野球が大学の球場で行われなければいけないのか不思議に思われる方がいると思うが、当時は現在のように球場が多くなかった。とくに首都圏には少なかった。後楽園球場が完成したのは翌37年のことである。

43（昭和18）年10月16日には早慶壮行野球試合、いわゆる〝最後の早慶戦〟が行われている。出陣学徒へのはなむけとして早慶戦ができないだろうかと慶大野球部から打診され、早大がそれに乗って実現したわけだが、そこへたどり着くまでには多くの壁が立ちはだかった。

アメリカで生まれたゆえに野球は敵性スポーツと白眼視され、4月には文部省から東京六大学野球連盟に「連盟解散命令」が出されている。10月2日には法文科学生の徴兵猶予が撤廃され、臨時徴兵検査が行われたのち12月1日には入営しなければならず、10月21日には学徒出陣も行われる。その前に最後の早慶戦をやろうというのである。

早慶戦実現のため一枚岩になった慶大にくらべ、早大当局は軍部に気兼ねしたのか実現に難色を示し、なかなか首を縦に振らない。国技館には観衆を入れて大相撲が行われているのに、早慶戦は観客がいるところに空襲があったらどうするると難癖をつける始末だ。

紆余曲折があったのち、大学同士が公認した試合ではなく野球部間の試合として執り行うならよし、という結論に落ち着いた。早い話、何か問題が起きたら野球部の責任で何とかしろ、ということである。試合が行われたのは学徒出陣の5日前。まさにぎりぎりのタイミングだった。

試合は早大が10対1で大勝したが、これには理由がある。早大当局の横槍で試合実現が

最後の早慶戦、試合前の宮城遙拝（提供：慶應義塾福澤研究センター）

不透明だったこともあり、慶大側は家族と最後の別れをしようと帰省している部員が多かった。そして、当時の部員は関西方面の出身者が多かった。主力では、主将の阪井盛一が神戸、別当薫が大阪、大島信雄が岐阜、加藤進が名古屋という具合である。

ソウケイセンアルカモシレヌスグカヘレ

この報せを受け、たとえば阪井なら汽車で9時間かけて神戸から東京にとって返し、試合に臨んでいる。練習不足は明らかだったが、勝敗はこの試合に限ってどうでもよかった。

試合終了後、早大校歌、慶大応援歌が合唱されたあと、どこからともなく「海ゆかば」が歌われ、それはやがて戸塚球場を圧する大合唱になっていった。

『１９４３年晩秋　最後の早慶戦』（教育評論社）に掲載されている試合終了後の写真も涙を誘う。そこには多くの一般学生が肩を組んで校歌を歌っている様子や、円陣を組んで気合を入れている様子が活写されている。同書から一文を紹介する。

「試合も応援もすべてが終わったあと、グラウンドにはかつてない光景が現出した。残った学生たちが次から次へとグラウンドに集まり出したのである。彼らは『戦場で会おうぜ』と叫びながら、互いに肩を組み合って走り回っていた。この光景を眼前にした関口存彦は思った。これまで大学生は徴兵延期で恵まれていた、でも、これからは親兄弟と別れて戦場に行き、戦って死ななければならない仲間同志なのだと」

「戦って死ななければならない」という表現は誇張ではない。『慶應義塾百年史』には出陣した塾生３０００余名のうち戦没者は４００名近いと記されている。約13パーセントの若者が戦争によって命を奪われたのである。早大でも学徒出陣以降の戦死者は４００人を超えた。

終戦から4年後の49（昭和24）年に安部磯雄が死去し、これを機に戸塚球場は安部球場

右・安部磯雄、左・飛田穂洲の銅像

と名を改められる。安部球場は89（平成元）年に取り壊されるまで早大野球部の道場的な色彩を失わず、数々の名選手を輩出してきた。

早稲田通りからグラウンド坂を下り、都電荒川線へ至る途中にある早稲田大学総合学術情報センターこそ、かつて安部球場があった場所である。センター入口には安部磯雄と飛田穂洲の銅像2体が建ち、安部像の右横には次のような言葉が刻まれた石碑がある。

「この総合学術情報センターを訪れる方々は、どうかこの地に大学ゆかりの球場があったことを想起すると共に、先輩の方々の万感のこもる決断に思いを致していただきたい。

昭和六十二年、野球部の練習場は東伏見に移転したが、『安部球場』は安部磯雄先生の胸像と共に、今もここにある」

正岡子規の『水戸紀行』と茨城の野球

初めて喀血した1年後の1889（明治22）年4月、21歳の正岡子規は同じ常盤会の寄宿舎で寝起きする友人の1人〝多駄次《ただじ》〟と連れ立って茨城県の水戸まで徒歩旅行を行い、それを『水戸紀行』（『正岡子規全集第12巻』所収、改造社）として著した。

ベースボールの記述を待ち望むように読み進んでいくと、水戸偕楽園に隣接する常磐神社辺りで子規はこんな光景に出くわす。

「かの芝生の上にて七八人の子どもの十許《ばか》りなるがうちむれて遊びいたり。何やと近づき見ればベース・ボールのまねなり。ピッチャアあり、キャッチャアあり、ベース・メンあり、ストライカーは竹を取りて毬《まり》（女の持て遊ぶまりならん）を打つ。規則十分にと丶のわずとはいえファウル、アウト位の事を知りたり。此地方に此遊戯を存するは体操伝習所の卒業生などが小学校にひろめたるならんと思いやる」

これを読んで思い出したのが高浜虚子の書いた『回想　子規・漱石』中の「子規居

士と余」である。前述したように、虚子は中学生の頃、松山城の北にある練兵場でベースボールをしていると、やってきた東京帰りの書生5、6人からバットとボールの借用を申し込まれ、目の前で本場仕込みのバッティングを見せられ、魅了されたと書いている。その書生の1人が子規だったわけだが、松山人の特性か、のちに写生をテーマに句をしたためる俳人同士の資質か、情景が生き生きとして蘇ってくるところに共通点を見出せた。

さて、この『水戸紀行』をどうして早大のところで紹介したのか。勘のいい人はわかると思うが、早大は〝茨城閥〟と言ってもいいくらい茨城出身の名選手が歴代続いているのである。

飛田　穂洲（水戸中学／現・水戸一高）　※野球殿堂入り
石井　連蔵（水戸一高）
石井藤吉郎（水戸商）　※野球殿堂入り
江尻　　亮（日立一高）

仁志　敏久（常総学院）

これら連綿と続く茨城出身の早大選手にとって〝故郷〟と言ってもいいのが、子規が見た「芝生の上にて七八人の子どもの十許りなるがうちむれて遊びいたり」光景ではなかったのか。飛田穂洲はこのとき3歳だから七八人の中にいるわけがないが、そのうちの1人の弟であったかもしれない。

そのように想像を膨らませていくと、この徒歩旅行が帰京後1カ月にして喀血を再発させる原因になったことも、茨城閥の野球人を生み出すきっかけになったならば子規も救われるのではないかと、幾分心が休まるのである。

『水戸紀行』には同行した〝多駄次〟以外にも友人の話が出てくる。その1人が菊池謙二郎で、ハガキで行くことを知らせていたがハガキが着いておらず、会うことができなかったと書かれている。この菊池は後年、水戸中学の校長となり、皮肉なことに東京朝日新聞が始めた「野球とその害毒」キャンペーンでは、「現今野球界の大弊」を訴え、運動部の対外試合を禁止してしまう。

天国の子規は、菊池の所業に対して何を思っただろうか。

6 明治時代のバンカラが作った羽田グラウンド

野球害毒論から読み解く明治期の野球

明治時代の野球事情がよくわからない、という人は多い。一高から早慶時代への移行とか、正岡子規の野球好き、そのへんはわかっても、たとえばどんな球場があったのか、どんな事件があったのかよく呑み込めないという人は多い。その取っかかりになりそうなのが、次の東京朝日新聞の記事である。

「野球の覇権が一高の手から離れて早稲田、慶應に移るや野球は著しく俗化した。一高の蛮骨《ばんこつ》等は神聖な校技として野球を崇拝していたが慶應、早稲田は之を学校広告に利用した。野球が今日の興行化をなした原因は此処にある。（中略）過般《かはん》シカゴ軍が来た時などは特等席の外国見物人は公然賭博をして居た。又選手を取巻《とりまき》に連れて酒楼《しゆろう》に出入する紳士すら現れて来た。特に羽田の運動場の仕合には競馬屋が来て賭博をする、又羽田稲荷を控えて居るので相場師の見物に来る者が多く、娯楽ではあろうが連の女などと金を賭ける、且つ羽田は遠隔の地で費用も掛り、周囲の飲食店は皆遊冶郎《ゆうやろう》が耽溺する土地柄なので、青年学生の近寄るべき土地でない。斯くして野球は堕落して次第に興行化して行く」

（明治43年11月25日付　東京朝日新聞）

東京朝日新聞が1911（明治44）年8月29日から22回にわたって連載した一大キャンペーン「野球とその害毒」に先駆けて掲載されたものの抜粋である。「過般シカゴ軍が来た時」とは10年秋に来日して早慶両校相手に全勝したシカゴ大学野球部のことである。その戦いの足跡を見てみよう。

10／4　シカゴ大9―2早大
10／6　シカゴ大3―1慶大
10／8　シカゴ大5―0早大
10／14　シカゴ大2―1慶大
10／18　シカゴ大15―4早大
10／19　シカゴ大5―2慶大
10／20　シカゴ大11―2稲門倶楽部

同じ負けるにしても、慶大にくらべ招聘した早大の大敗ぶりが目立つ。これが責任問題に発展して、主将の飛田忠順をはじめ、小川重吉、松田捨吉、伊勢田剛の4人が野球部を引退したことは、早大をテーマにしたところでも書いた。

この時代は試合の勝ち負けとともに、学生が華美なユニフォームを着用することや、入場料を取って試合を見せることなど、今では当たり前になっていることが大きな問題になっていた。

「野球の覇権が一高の手から離れて……」と一高が古めかしい感覚で称揚されるのは、一高時代の野球がいまだ成熟の域に達せず、エンターテイメントとして不十分だっただけの話である。

〝日本野球の父〟と言われる早大初代野球部長・安部磯雄は『野球と学生』（押川春浪共著、広文堂）の中で「野球を排斥する教育家のうちには旧思想の人が多い」と喝破しているが、これは現代にも通じる箴言《しんげん》である。

※『野球と学生』は『嗚呼!! 明治の日本野球』（横田順彌編著、平凡社ライブラリー）に所収。

■安部磯雄の『野球と学生』

安部磯雄は『野球と学生』の中で「野球は広告なりや」と善悪を問うような見出しを立て、「判事及び弁護士の試験に多くの合格者を出すことは法律学校にとりて有効なる広告である」「もし結果だけで言うならば、朝日新聞の野球攻撃も一種の自家広告であると曲解する人があるかも知れぬ」と書いている。これは東京朝日の言う「慶應、早稲田は之を学校広告に利用した」に対する強烈な皮肉である。

また、05（明治38）年に敢行したアメリカ遠征のさいにかかった費用についても言及し、学校から補助を受けずに行けるなら言ってもいいという高田早苗・早大学長に対して、「余は学校から一文の補助をも乞わずに遠征の計画を立てた」と毅然とし、シカゴから東部に旅行した費用は入場料で支弁することができた、と入場料徴収の意義を説いている。

これらの文章を読んで思うことは、慶応元年の生まれとは思えぬ安部の精神的な若さである。明治時代にありがちな誇張、いかめしさがほとんどなく、平明でロジカル。１００年以上も前に書かれた文章とはにわかに信じられない。

ちなみに、日本で最初の入場料を取った試合は、07（明治40）年10月31日に行われたハワイ・セントルイス大学対慶大戦。翌08年に発行された『明治事物起源』には「四十年聖ルイス大学野球団が慶應の野球団より招聘せられて、来朝の招聘費用は、約八千円内外なりしが、その財源に苦しみ、為めに一円、五十銭、三十銭の入場料を徴収したり、これ本邦の野球団にて入場料を取りし始なり」とある。

この入場料徴収について、安部磯雄は次のように書いている。

「およそ何事でも金銭を費やさずしては出来ぬ世の中であるから、もし入場料でも徴しなければ講演会、音楽会、絵画展覧会などを開くことは出来ない。（中略）今日世の中に無料で出来るものはほとんど一つもないのだから、何事に対しても相当代価を払うというのが原則である」

20（大正9）年に設立されたわが国初のプロ野球チーム、日本運動協会ですら試合をすると観客から「商売、商売」とヤジられていた。その9年前の明治の代に、「世の中に無料で出来るものは一つもない」と言いきっていることに驚きを禁じ得ない。みずからの信念に対して毫《ごう》ほどの躊躇もない、というのが安部磯雄を安部磯雄たらしめている最大の特徴と言っていい。

安部は26（大正15）年12月に社会民衆党を結成し、その初代執行委員長になったのを機に早大教授の地位を離れ、社会主義運動に乗り出すことになる。32（昭和7）年春に党の分裂問題が起こったときには「議論はお互に自由であり、その表現の強弱はあっても、守るべき最後の一線は何所《どこ》までも守らなければならぬ。私はデモクラシーのためには、死を以って守る決意をしている」と語っている。

日本社会党の初代委員長で第46代内閣総理大臣でもある片山哲は「先生の揮毫《きごう》の文字は『高遠の理想、質素の生活』であり、之を書くだけではなく、身を以て実践せられ……」と書いているが、野球に対しても激しく情熱の人であったことは以上のことからも理解できる。この安部と共著で『野球と学生』を書いたのが野球殿堂入りした押川清の実兄、春《しゅん》浪《ろう》である。激しさにおいてはこの人の右に出る者はなかったと言っていい。

■春浪、荷風を襲撃す

押川春浪の最も大きな肩書は冒険小説家で、代表作は『海島冒険奇譚　海底軍艦』（名著復刻　日本児童文学館　第一集、ほるぷ出版）である。私は本多猪四郎監督、円谷英二特撮監督コンビの東宝映画『海底軍艦』を見てファンになったが、まさかこの原作者が、私が深くかかわることになる野球の、遠い明治時代の論客だとは思わなかった。

『熱血児押川春浪』（三一書房）の著者、横田順彌は同書の中で押川を「若年より蛮勇を発揮し」「豪放磊落《らいらく》、愛国武俠精神を鼓舞し」「正義を愛し、悪を徹底的に憎む硬派バンカラ人」と、好意的に紹介している。

『小説永井荷風伝』（岩波文庫）の著者、佐藤春夫は逆によく書いていない。「多少酒乱の気味があったらしく」「東洋豪傑風の旧式な愛国者」「（その著作は）国策を寓した冒険小説」とは、同書からの引用である。佐藤にとって文学の師は永井荷風である。その荷風が女連れのところを押川春浪に襲われたことがある。そういう春浪を口が裂けても「豪放磊落」などと好意的に評することができなかったのだろう。

春浪の激しやすさを知るうえで貴重なので、荷風の日記にして代表作と言ってもいい『断腸亭日乗』の25（大正14）年から、両者の確執をうかがわせる箇所を引用する。

「正月十六日。故押川春浪の友人数名発起人となり、墓碑建立の寄附金を募集す。そもそも予の初めて春浪と相識りしは明治三十二、三年の頃、生田葵山《いくたきざん》が下宿せし三番町の立身館なり。（中略）余帰朝の後日吉町のカッフェー・プランタンにて、生田葵山、井上啞々《ああ》、妓八重次《やえじ》、有楽座女優小泉紫影らと、観劇の帰途茶を喫しゐたりしに、春浪別の卓子《テーブル》にて余らの知らざる壮士風の男、二、三人と酒を飲みゐたりしが、何か気にさはりしことありしと見え、啞々子に喧嘩を吹きかけし故、一同そこそこにプランタンを逃げ出したり。その夜春浪余等一同待合某亭にありと思ひ、二、三人の壮士を引連れ、その家に乱入し、器物戸障子を破壊し、三十間堀の警察署に拘引せられたり。春浪は暴飲の果遂に発狂し、二、三年ならずして死亡せしなり。余はプランタンの事件ありてより断然交を絶ちたれば死亾《しぼう》の年月も知らず」

右から押川春浪、永井荷風、黒田湖山（提供：日本近代文学館）

簡単にいえば、友人や女と一緒にいるところを襲撃されたあの夜以来、押川春浪とは付き合いを絶っているから、墓碑建立の寄付金など払えない、ということである。春浪に弁解の余地はなさそうだが、子どもじみた春浪の行動を荷風に受け流すだけの侠気があれば、それほど大げさな話にはならなかったのではないか。

たとえば、春浪を中心とするスポーツ社交団体「天狗倶楽部」のメンバーには、春浪の子どもっぽい「愛国武侠精神」を正面から受け止める侠気があったと思う。メンバーの1人、中沢臨川《りんせん》などは同倶楽部の生い立ちをこんなふうに語っている。

「何年に出来しか記憶せず恐らく明治四十一二年の交なるべし。発表会なし、誓盟式なし。(名附け親は)それも余は記憶せず。恐らく一場の座談より弘ろまりしものか」

こういうざっくばらんな空気の中で春浪のイノセントな愛国武侠精神と、野球への情熱はゆっくりと醸成されていく。はなから蒲柳《ほりゅう》の質で病弱だった荷風とは別世界の人間だったのである。

■天狗倶楽部が作った羽田グラウンド

春浪が早大出身者で、春浪の実弟・清が早大の名選手ということもあり、天狗倶楽部には早大野球部出身者が多い。紹介しよう。

橋戸信、押川清、山脇正治、森本繁雄、獅子内謹一郎、泉谷祐勝、伊勢田剛、河野安通志、大井斉、西尾守一、松田捨吉、小川重吉、飛田穂洲……等々。

押川春浪と彼ら天狗倶楽部が残した最大の功績は何だ、と言われれば2つのことが挙げられる。1つは東京朝日新聞の「野球とその害毒」キャンペーンに対抗して、東京日日新聞（現毎日新聞）を主な舞台に野球を擁護したこと。東京日日は１９１１（明治44）年９月５日から24日まで「学生と野球」という欄を新設、ここに春浪は東京朝日への反論を寄稿した。その投稿記事は、同じくここに掲載された安部磯雄の原稿とともに前出の『野球と学生』１冊にまとめられることになる。

天狗倶楽部２つめの功績は、首都圏に野球ができる施設が横浜公園グラウンド（現在の横浜スタジアム）しかなかった09（明治42）年４月に羽田グラウンドを作ったことだろう。『熱血児押川春浪』によれば、グラウンド竣工の大きな力となったのは天狗倶楽部メンバーの中沢臨川である。帝大（東京大学）卒業後、京浜電車の技師長を務めた中沢は、京浜電車が羽田に所有する約６万坪の遊休地に注目した。

春浪と臨川はなかなか首を縦に振らない京浜電車の経営者と飽きずに交渉を重ね、ついには社長を口説き落として１万坪の土地を借り受け、ここにスタンドやクラブハウスを備えたグラウンドを設営することに成功した。

この羽田グラウンドはどの辺りにあったのだろう。『大田区の文化財第25集』には次のように書かれている。

「昭和13年には、明治42年に京浜急行が穴守稲荷の北側に遊覧客の誘致のためにつくった大運動場を買収し、長さ８００ｍ、幅80ｍの２本の滑走路を増設、名称を東京飛行場と改めた」

ここに紹介されている運動場が羽田グラウンドのことである。

昭和初期の地図を見ると、現在の京浜島方向に小規模な羽田空港があった（明治時代はすぐ近くまで海岸だった）。これを作るために羽田グラウンドは買収された。小規模な羽田空港の表側には穴守稲荷があり、羽田グラウンドは「穴守稲荷の裏の羽田海岸の側」に竣工したと『プロ野球誕生前夜』（東田一朔著、東海大学出版会）にあるので、それらのことを考え合わせると羽田グラウンドは現在の羽田空港2丁目、空港敷地内のB滑走路の南側にあったと推定できる。

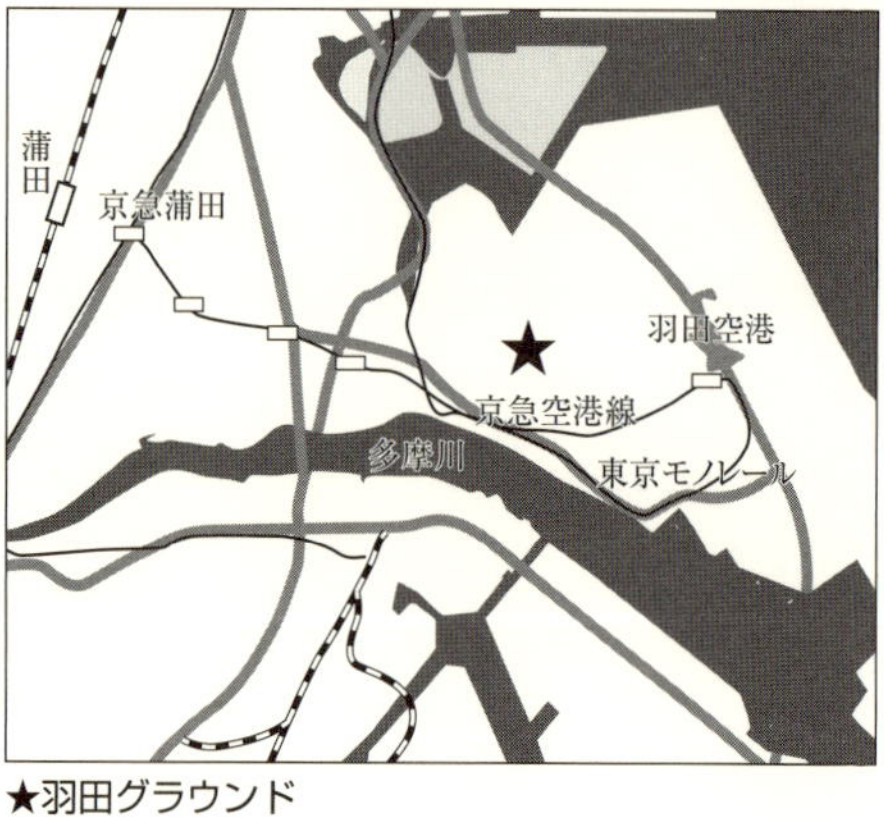

★羽田グラウンド

■穴守稲荷の門前町一帯が羽田空港に生まれ変わる

羽田グラウンドを特定するうえで重要な穴守稲荷は、当時の荏原郡羽田町の東端に位置している。蒲田方面から延びる穴守電気鉄道（現在の京浜急行）の終着「穴守」駅を降りてすぐ右に曲がり、突き当たりを左折すると穴守稲荷までは一直線、左右に参詣者を誘い込むような店がひしめき合っていた。

東京朝日新聞が早慶野球部を誹謗した記事をもう一度、引用しよう。

「羽田の運動場の仕合には競馬屋が来て賭博をする、又羽田稲荷を控えて居るので相場師の見物に来る者が多く、娯楽ではあろうが連の女などと金を賭ける、且つ羽田は遠隔の地で費用も掛り、周囲の飲食店は皆遊冶郎が耽溺する土地柄なので、青年学生の近寄るべき土地でない」

今の時代から想像するのは困難だが、この時代、神社参拝は最大の娯楽として庶民の間に浸透していた。人が多く集まるところに飲食を供する店ができ、春をひさぐ店が増殖するというのは古今東西、変わらぬ摂理である。東京朝日新聞が「青年学生の近寄るべき土地でない」と言うのは、ある部分正しい。

「五穀豊穣・商売繁盛の神として、日本全国から参拝者が後を絶たない人気神社として（穴守稲荷は）勇名を馳せた。羽田―品川間を結ぶ京浜急行電鉄は、この神社の参拝用電車として誕生したほどだから、その隆盛ぶりが伺える。羽田一帯は、もともと穴守稲荷神社の門前町でもあった」

以上は、穴守神社のホームページ中にある「History of Anamori Inari Jinja」からの引用である。

穴守稲荷の裏（北側）は大正期になると穴守遊園地や競馬場ができ、その海ぎわには羽田海水浴場とともに演芸場の所在が記されている。その賑わいは相当のものだったろう。

この門前町一帯が戦後、羽田空港に生まれ変わるについては、日本を統治していたアメリカ軍（ＧＨＱ）の意向が強く働いた。同飛行場を２００万平方メートル拡張するため、羽田鈴木町、羽田穴守町、羽田江戸見町の全住民に対し、48時間以内の退去命令が下されたのだ。45（昭和20）年9月下旬のことである。

穴守稲荷（現在地は大田区羽田5丁目）の社務所を訪ね、当時の地図や資料を見せてもらえないかお願いしたところ、「48時間以内の退去命令ですから、そういったものは一切持ち出せなかったんです。もしどこかにあるのなら教えてください」と逆に頼まれてしまった。いかに緊急な強制退去だったかわかる。

■明治のバンカラが作った球場は空港の中に

実際に歩いてみた。京浜急行「穴守稲荷」駅を降り、現在の穴守稲荷をめざす。さらに穴守稲荷から環八通りに出て空港方向に道をとり、少し行ったところで右折して道なりに行くと、正面に朱の彩色をほどこされた稲荷橋がある。

奇妙なことに、橋の先には「立入禁止」の札がかかった空港施設の門があるだけで、先へ続く道がない。参詣者で賑わった穴守稲荷へ続く参道も今はなく、東京朝日新聞が批判した「遊治郎が耽溺する」様も見られない。

穴守稲荷拝殿

空港敷地の周囲には金網が張り巡らされているので中に入ることはできない。空港と対峙するように屹立する大鳥居は、穴守稲荷ホームページ内の「History of Anamori Inari Jinja」で次のように紹介されている。

「何度か取り壊しや移転案も出たのだが、その度に工事関係者の事故が相次ぎ、祟りを恐れてか撤去出来ずにいたのである。その鳥居も1999年の羽田空港新滑走路整備時、ついに多摩川と海老取川の河口に移された。徒歩で行ける羽田空港の最端の場所で、大鳥居は今でも近隣一帯を見守っている」

この大鳥居が見守る先にあった羽田グラウンドは、大正のはじめ頃に東京を襲った大洪水によってグラウンド内の設備の多くが流失してしまった。設備の多くとは数千人を収容するスタンドや倶楽部ハウスなどである。ちなみに、野球関係の多くの資料はこの大洪水を大正5年のことと書いているが、75（昭和50）年に再版された『羽田史誌』は「大正六年の津波」という見出しで次のように紹介している。

「大正六年の大津波は人や家に大きな被害を出した。秋も深まった十月一日の明けがた、昨夜からの台風も嘘のように止み、人々も安心して床についたとき突如として大津波は襲ってきた。海岸線に近い穴守町、鈴木町の家屋は二階近くまで浸水し、海老取川を越えた羽田一、二、三丁目猟師町地域でも床上浸水となった。人や家の被害としては鈴木町地域のみでも死者四十一名、流失家屋三十一戸を出した」

この津波でグラウンドは流出したが、野球場としては昭和のはじめ頃までも利用されたらしい。『プロ野球誕生前夜』はその後の羽田グラウンドの様子を次のように書いている。

「この球場は流出したものの平地で野球場としての姿は維持し続けたので実業団野球その他にはよく利用されていた。（中略）球場の外野には鉄道の枕木状の木杭が楕円形に並んでいたが、これは競馬場に使用された残骸であったのではないだろうか」

明治42年測図の地図を見ると穴守稲荷の裏にグラウンドを作れるくらいの土地があり、その裏は砂州である。そして大正14年測図の地図を見ると砂州だった場所に競馬場、水泳場などができている。つまり「一流の設備を有した野球グラウンド」→「競馬場」→「平地のグラウンド」と変遷を重ねて、昭和13年には小規模な空港となり、昭和20年以降の拡張工事によって現在の羽田空港へと姿を変えているのである。

東京モノレールの天空橋駅を降り金網越しに空港敷地内を見ても、茫々とした先に見えるのは飛行機の発着する姿だけで、野球場の気配など微塵も感じられない。しかし明治の末期、バンカラたちが作った野球グラウンドが確かにそこにあった。

7 わが国初のプロ野球チームは芝浦にあった

早稲田OBが追い求めた理想の野球チーム

わが国初のプロ野球チーム「日本運動協会」、通称「芝浦協会」の設立に奔走した河野安通志は1905（明治38）年に挙行された早大のアメリカ遠征では主力投手として奮投し、26試合中24試合に登板、「アイアン・コーノ」（鉄腕・河野）の異名がついた。

早大のアメリカ遠征が日本野球にもたらしたものは数多く、その1つがふりかぶって投げるワインドアップである。これはボデースイング、アメリカンダンス、ダンシングスローとも呼ばれ、見る者を驚かせた。河野が取り入れる以前、投手はプレートの上に両足を揃えて乗せ、直立不動の形で三塁ベースに対峙して構えた。今でいうセットポジションに似ている。

河野は帰朝後の05年秋の早慶戦でワインドアップ、さらにスローボールを織り交ぜるチェンジ・オブ・ペースを披露し、新聞はそれに対して「ダンシングスローをなして、風に漂ふ如きスローボールを投ぜしなど、その華麗世人の眼を眩惑せしめるものがあった」と称賛した。日本野球にアメリカの風が吹きわたった瞬間である。

日本野球に多大な貢献をした河野は、早大卒業後も野球への貢献をやめようとしない。早大の簿記講師をしていた11（明治44）年、東京朝日新聞が始めた〝野球害毒キャンペーン〟に対して、安部磯雄などとともに積極的に反論したのもその1つだ。そして20（大正9）年秋、河野は早大草創期のチームメート、押川清、橋戸信とともに日本で最初のプロ野球チームを設立した。その名も「合資会社日本運動協会」。河野は設立当時を回想して、28（昭和3）年6月号の『野球界』（野球界社）に次のように書いた。

「此盛なる機運に乗じて職業野球団を作らざれば学生の野球のみ盛となり、遂に日本の野球は変態となりはせぬか。此変態的旺盛とならんとするを押さへれば野球は沈衰し、沈衰すれば所謂《いわゆる》角を矯《た》めて牛を殺す事になると云ふのが、吾人が職業野球団を起さんとした主張の一で而《しか》も其重《おも》なるものであった」

（『もうひとつのプロ野球』より　佐藤光房著、朝日新聞社）

■学生野球だけ盛んになれば野球は衰退する

日本で最初に結成されたプロ野球チームは読売巨人軍、というのが一般的な認識だが、

20年に設立された日本運動協会こそわが国初のプロ野球チームで、その中心的役割を果たしたのが早大野球部OB、河野安通志、押川清、橋戸信（頑鉄《がんてつ》）の3人である。

東京朝日新聞が11年にスタートさせた「野球害毒論」は、かつての五千円札で知られる新渡戸稲造・当時一高校長など錚々《そうそう》たる教育者たちの口を借り、「野球は百害あって一利なし」と言わせ、これに対して野球擁護派は主に東京日日新聞（現毎日新聞）の紙面を借り、押川清の実兄・押川春浪や早大野球部初代部長・安部磯雄たちが反論を展開し、じきにキャンペーンは終息していく。

安部は『野球と学生』（広文堂）の中で、「野球に限らずすべての競技運動は面白いものであるから、もし教師が時々注意をしてやらなければ、学生が往々これに耽るようになるのは自然の勢いである。教育家が相当の監督をなさずして、運動家の品性は劣等なりなどいい、運動そのものをも禁止せんとするがごとき傾向あるは、余りに無責任のことではないか」と書いている。

また河野は、野球害毒論のキャンペーン時、その砦と言ってもいい東京朝日新聞紙上で「学生中にはたまに品行悪しきものあるは止むを得ず。学生全部を品行方正ならしむるは教育者の理想なるべけれど今日これが実現は困難なり。故に選手として品行悪しき者一人もなしとは断言出来ず。されど一般学生に比し堕落生の少なきは断じて疑わず」と書いて

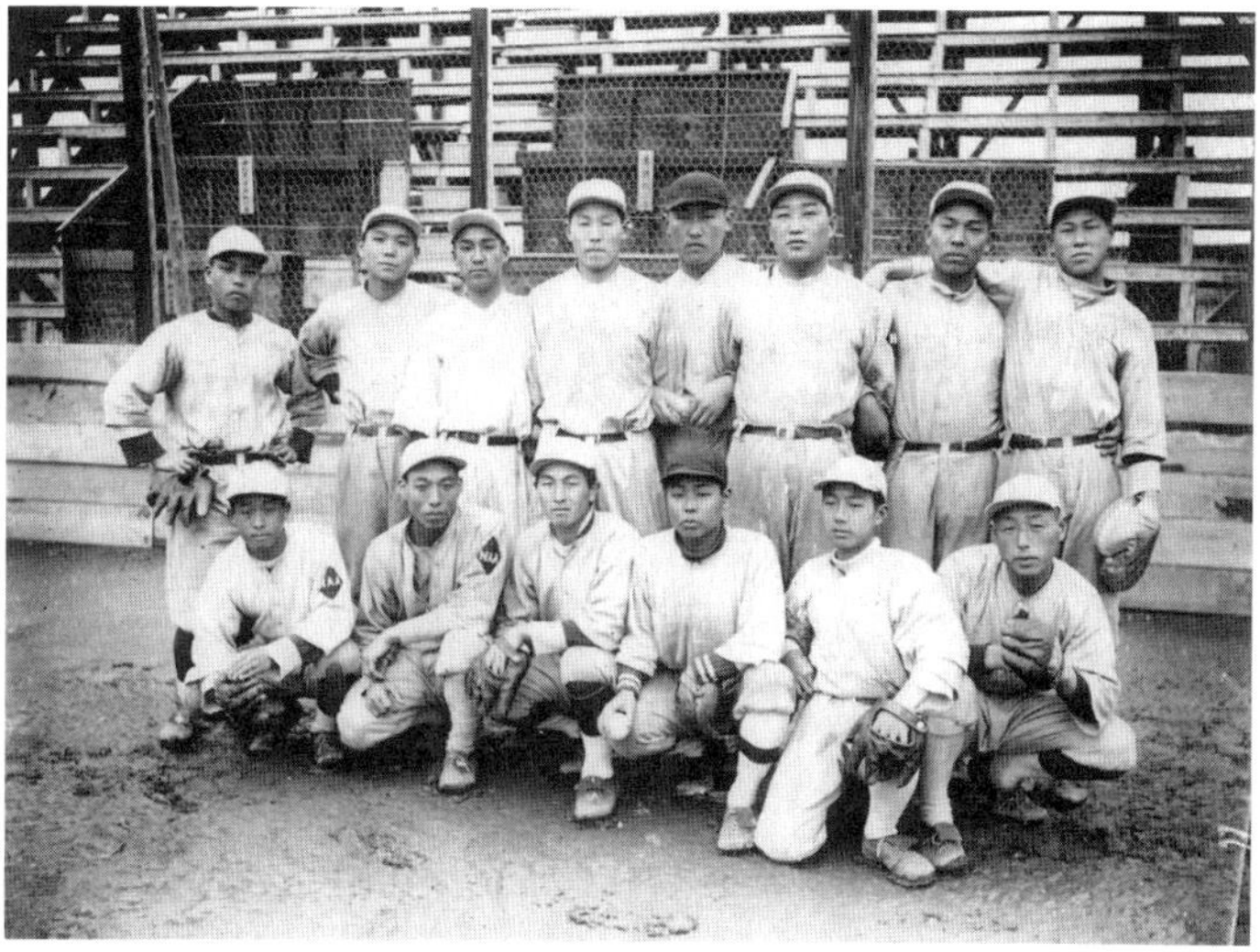

日本運動協会の14人の選手たち（提供：野球殿堂博物館）

いる。選手の品行は今日のいわゆる紳士に比して優っている、と言いながら、すべての選手が品行方正でないと言っているのが興味深い。

もう一度、河野が日本運動協会設立に至った心境を振り返ってみよう。

「此変態的旺盛とならんとするを押さへれば野球は沈衰し、沈衰すれば所謂角を矯めて牛を殺す事になると云ふのが、吾人が職業野球団を起さんとした主張の一で而も其重なるものであった」

学生野球が独走せず、人気を二分するチームができてこそ、野球は初めて正常に発達する、そういう意味だろう。そして、「その人気を二分するチームこそ、我が国初のプロ野球チーム・日本運動協会である」――河野の高邁な理想が行間の隅々から聞こえてきそうではないか。

野球害毒論から9年後に設立された日本運動協会の合宿生活はひたすらストイックで、日常生活のしつけや礼儀作法にやかましかったという。飲酒、喫煙は厳禁、さらに河野は野球理論とともに簿記と英語という直接野球と関係のないものまで選手に教えた。いずれ野球界のリーダーとなるプロ野球選手は教養を身につけ、誰からも尊敬される存在にならなければいけない、そんな思いが感じられる合宿風景だった。

■三業地（花街）として栄えた芝浦

日本運動協会の本拠地球場が芝浦球場である。完成したのは21（大正10）年春で、場所は芝浦の埋立地。「ごく近いところに紅灯の巷もひろがっていたが、こっそり夜遊びに出かけるような不心得者は一人もいなかった」と『もうひとつのプロ野球』（佐藤光房著、朝日新聞社）に書かれているように、花柳街がごく近いところにあった。

38（昭和13）年3月31日に東京市芝区役所が発行した『芝區誌　全』にはこんな記述がある。

「翌明治四十四年三月この埋立地に町名を附し、金杉浜町の南にあるので南浜町とした。

本芝一丁目、旧新浜町に接した場所には、既に明治の末期、本芝に発達して来た花街の影響を受けて、料理割烹店、待合茶屋が簇生《そうせい》し、今は寧《むし》ろ此附近が中心地となり、百三十三人（昭和九年十二月末日）の芸妓を擁する芝浦三業地として知られている」

倉庫が並ぶ今の芝浦からは想像できない花街としての賑わいが、大正から昭和初期にあったことがわかる。ここで紹介されている南浜町とは現在の芝浦2丁目のことで、東京モノレール沿いにある森永製菓や住友成泉芝浦ビルがある一帯がそうである。芝浦球場はここから歩いて7、8分のところにあった。

もう少しだけ三業地（花街）として栄えた芝浦を紹介すると、『東京案内』という本は、「春は汐干狩を以て名高く、夏は避くるに適す。浜海に竹芝館（海水浴）、芝浜館（鉱泉）、見晴亭（料理）、大光館（料理）、大の屋生洲（料理）、松金（鰻屋）等の浴楼水亭等あり」と紹介し、「白帆点々として去来するを見る」とも描写している。

また劇作家・小山内薫は『大東京繁盛記』（毎日新聞社）の中で、芝浦をこんなふうに描いている。

「こないだ、久しぶりで芝浦へ行って見ると、第一埋立地の広くなっているのに驚いた。むかしあんなに遠浅だった浜に、立派な埠頭の出来ているのに驚いた。そこの建物が悉《ことごと》く

日本運動協会附属運動場概景（提供：野球殿堂博物館）

倉庫ばかりで昔の料理屋や旅館などの影も形もないのに驚いた。
　たゞ、少しも変らないのは、海の向うに見える浜離宮の黒松だけである」

　芝浦辺りの変遷・変化が手に取るようにわかる。
　雑誌『運動界』（運動界社　大正10年8月号）に「日本運動協会附属運動場概景」というタイトルが付けられた航空写真風の絵が掲載されている。それを見ると球場外には一、三塁のラインと同方向に走る田舎道があり、レフトからセンターフェンスの向こうはすぐ海で、大型の汽船とともに帆をかけたヨットがポツンと1艘浮かんでいるのが見える。写真ではなく絵だから、絵描きの想像力がだいぶ入っているのかと思ったが、いろいろな資料を見ればリアルな芝浦球場周辺の風景だったことがわかる。

■絶縁中の早慶ＯＢ戦が芝浦球場で行われていた

この芝浦球場で行われた初試合は、21（大正10）年3月13日に行われた三田対稲門戦である。言うまでもなく三田は慶大のＯＢ倶楽部、稲門は早大のＯＢ倶楽部のことで、なぜ現役による早慶戦でないのかというと、早大と慶大は応援合戦の過熱が原因で06（明治39）年秋以来、絶交状態にあった（早慶戦の復活は4年後の25年まで待たなければならない）。そして、三田対稲門戦は代理戦に違いなかったが、三田対稲門戦も11年以来10年ぶりの対戦なので、2万人収容可能の芝浦球場には準早慶戦見たさのファンが押し寄せ、満員になったということである。

経済的な話をすると、この一戦の収益の半分は日本運動協会にもたらされた。経済難にあえぐ協会にとって干天の慈雨とも言える収入である。創始者が早大ＯＢの河野安通志、押川清、橋戸信だから早大が援助の手を差し伸べるのは当然だが、慶大がこれに一役買っているのが不思議な感じがする。何と言っても早慶戦はここまで15年間、中断されたままなのである。常識的に考えれば、憎い早大に塩を送る義理はない。

絶交継続は野球部関係者の本意ではなく、学校当局の意地の張り合いによるところが大きかったと見るのが妥当だろう。実際、この三田対稲門戦には早慶3名ずつの現役選手が加わっている。早慶戦復活の下地が着々と進められている様子が伝わってくる。

ちなみに、3名ずつの現役選手の中には早大に黄金時代をもたらした左腕・谷口五郎がいた。この年の秋に行われた三田戦（芝浦球場）で逆ワインドアップによる投球をして物議をかもした投手で、これなどは早慶戦の確執が依然として存在していたことをうかがわせる。友愛と反感――真逆の感情がこの頃の早慶両校には特徴的だった。

この逆ワインドアップについては、当時の監督だった飛田穂洲に語ってもらおう。

「逆モーションといわれた谷口のワインドアップは、普通左に腕を回転するのを、その反対つまり右に回転して投球するというだけで、考えてみればなんの変哲もないものであるが、初めて見たものには怪奇なるワインドアップに見え、打者はことのほかげん惑されたらしい。ここにおいて、三田はボークを主張し、審判芦田君をてこずらせた。しかし芦田君はボークとは思われぬといってこれを退け、とにかく試合は終了したが、あくまで、ボークと信じきった三田方は、新聞紙を通じて盛んにボーク説を吹聴し、あるもののごときは谷口の人格に関するまで痛攻撃を加えた」

（『熱球三十年』より　飛田穂洲著、中公文庫）

野球史に残る大騒動なので紹介したが、逆ワインドアップ云々より、これらの試合が芝浦球場で行われたことのほうが私には興味深い。球場開きは、そこを本拠地として使うチームが対戦チームを招いて行うのが普通である。しかし、球場開きに日本運動協会ナインの姿はなかった。観客の前で試合をするにはそのチーム力は依然として未熟だったのだ。さらに芝浦球場はそういうヘボな試合をするにはふさわしくない、という思いが河野たちにはあった。

■無名選手ばかりの協会チームが強豪、早大と延長戦の大熱戦

協会チームの芝浦デビューは、本拠地球場完成から1年後の22（大正11）年9月9日。相手となった早大は、それまでの協会との試合ではいずれも二軍メンバーを繰り出し互角の成績を残している。当然この試合も二軍選手が中心になると思われたが、スターティングメンバーに名前を並べたのは錚々《そうそう》たる一軍選手ばかりである。

主な選手を紹介すると、その後野球殿堂入りしている田中勝雄（中堅手）、谷口五郎（投

手）をはじめ、久保田禎（遊撃手）、有田富士夫（一塁手）、永野重次郎（捕手）という名選手たちばかりだ。協会チームを招いて行った夏恒例の軽井沢合宿で、プレーのみならず、日常生活でのマナーのよさに感心した安部磯雄部長が、「今度は早大第一チームがお相手しましょう」と申し出たためと言われる。

早大・谷口五郎、協会・山本栄一郎両エースの投手戦で息をもつかせぬ接戦となり、試合は延長戦に突入する。10回表、早大が2死二塁の局面を迎え、打席に入るのは〝和製ベーブ・ルース〟の異名を取る田中勝雄。後年、田中は『もうひとつのプロ野球』の著者、佐藤光房にこう語っている。

「生意気なことをいうようですが、ぼくらは協会に胸をかすようなつもりでした。なにしろ谷口五郎という日本一の投手が投げているのですから、負ける心配など全然しませんでした。（中略）ところがとうとう延長戦。無名選手ばかりの協会が堂々と早稲田に立ち向かってきたのだから偉いものです。しかし、十回表、あそこはやはり私を敬遠すべきだったでしょう。いまなら監督の無能だとして問題になるところでしょうね。もし、あそこで私が敬遠されていたら、あるいは引き分けになっていたかもしれませんね」

1―1からの3球目、外角低めを狙った山本のストレートが真ん中高めに入ってくるのを田中は見逃さない。フルスイングすると打球は左中間を深々と破る二塁打となり、二塁走者の有田富士夫が生還して接戦にようやく決着がついた。

プロ野球チームがアマチュアの学生チームに負ければ今なら大変である。ちなみに早大の谷口はこの試合、1本もヒットを打たれていない。つまりノーヒットノーランである。それでも囂々《ごうごう》たる非難が湧き起こらなかったのは、協会チームと早大の力量差が大きいことを誰もが知っていたからである。

野球界の中心的役割を担ってきた東京六大学出身者はおろか、大学出身者が1人もおらず、ほぼ全員が無名高校（当時中学）出身。協会首脳部が早大出身の3人なので早大出身者が何人かいてもおかしくないが、1人もいなかった。プロ野球はこの時代、賤業と見なされ、ゲーム中には「商売、商売」と野次られることもあった。

わが国2番目のプロ野球チーム、天勝野球団（女性奇術師の松旭斎天勝一座が主宰する野球チーム）も「芸人ふぜいの野球チーム」と蔑視されていたが、ここには小野三千磨（慶大卒）、中沢不二雄（明大卒、のちのパ・リーグ会長）という名だたる東京六大学出身者が所属している。高給で誘ったという話が伝わっているが、日本運動協会ほど鮮明にプロの色を出さなかった天勝野球団は、大学出身者にとって入りやすい環境にあったのかもしれない。

順風満帆とはけっして言えないが、協会チームは頑張っていた。ところが23（大正12）年9月1日に首都圏を襲った関東大震災によって、協会、天勝が本拠地としていた東京が壊滅状態に陥り、協会チームは芝浦球場を内務省と東京市に徴発され、野球ができない状態になってしまった。

球場の借地権は1年残っていたが、役人の力が急速に伸長している時代である。その強権の前では、ただでさえ賤業と見なされている職業野球の本拠地球場など、荷物置き場にしか見られない。翌24年1月、日本運動協会は活動を中断した。

■90年前の野球風景を拒絶するような殺風景

港区海岸3丁目の埠頭公園内に「『芝浦球場』跡地」の説明板がある。同じ敷地内には10（明治43）年に南極探検に向け出発した白瀬矗《のぶ》隊長以下27名の名を刻んだ記念碑もある。野球場と埠頭、海っぺりのそれほど広くない場所に異質のものが同居していたとは考えにくいが、それが通説として流布していた。

ところが、大日本帝国陸地測量部が大正15年6月30日に発行した1枚の地図が発見され、通説は覆った。その地図には芝浦球場が「運動協会運動場」の名で、はっきり記されていたのだ。さっそくそこを歩いてみよう。

芝浦2丁目方面から浦島橋を渡るとすぐ頭上を首都高速1号羽田線が通り、ここを通り過ぎるとコンビニエンスストア「サンクス港海岸3丁目店」がある。雑誌『運動界』が掲載した運動場概景と照らし合わせると、ここら辺りが芝浦球場のバックネット裏と思われる。ここを起点にして西にある安田芝浦ビルまでの約200メートル、海側へは首都高速台場線と「ゆりかもめ」が走る辺りまでの約100メートル——この100メートル×200メートルくらいの縦長の場所に、わが国初のプロ野球チーム、日本運動協会が所有する芝浦球場があった。

これまで歩いてきたところは羽田球場跡を除いて、野球史跡としての雰囲気、空気があったが、ここにはそういう情緒的なものは一切存在しない。道路と倉庫という流通の拠点ならではの道具立てがどこまでも続き、90年前の牧歌的な野球風景を夢想することを拒んでいるかのようである。

埠頭公園内の「『芝浦球場』跡地」の説明板に記

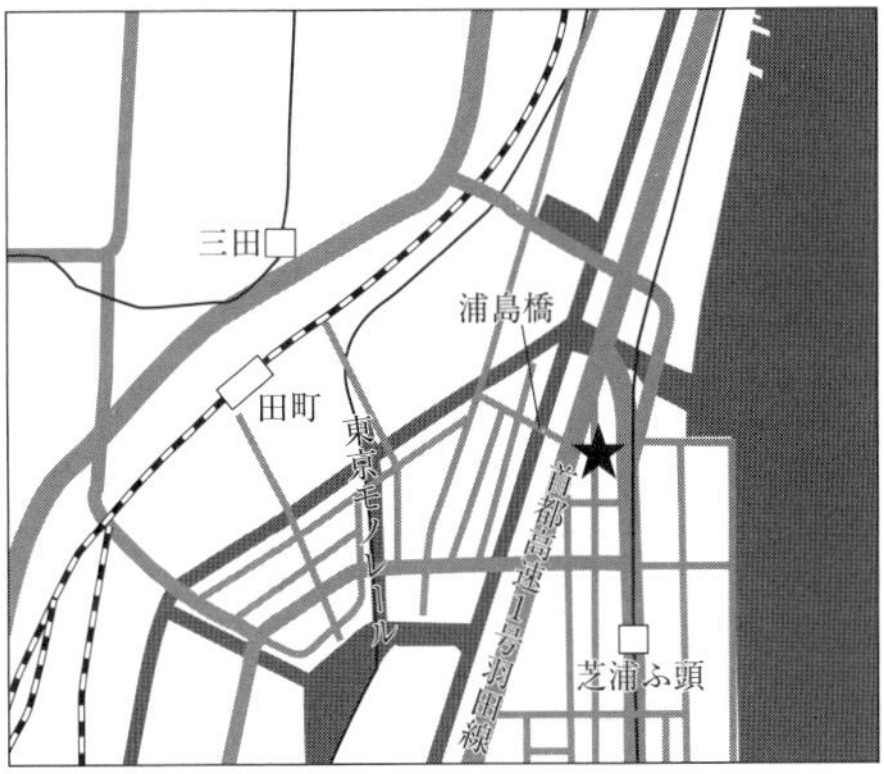

★芝浦球場

された言葉を抜粋して紹介しよう。

「当時の資料によると、広さは約6千坪（約20、000㎡）、バックネット裏と1、3塁側の内野の3箇所にそれぞれ2千人が入れる木造のスタンドがあり、他に外野の立見席を合わせると約2万人の観客を収容することができました。／両翼は90m、センターは約120m前後あったと推測されます。／右翼の塀の外側には、球場の附属設備として6面のテニスコートとクラブハウス（兼、日本運動協会合宿所）が設置され、クラブハウス内には浴室、集会所、食堂などがありました。／大正12年（1923年）9月の関東大震災後、芝浦球場は戒厳司令部によって救援物資の集積場として徴発されることになったため、試合の続行が不可能となり、大正13年（1924年）、『日本運動協会』は解散。その後芝浦球場も閉鎖されました」

『プロ野球誕生前夜』の著者、東田一朔は電車を降りてからの行き方も丁寧に書いている。「京浜線の田町駅下車、元の森永製菓のワキを歩き、左側に小さい魚釣用の列のある掘割をみて突き当たって右折、その上を山手線、京浜線の電車が通っていて、そのガードをくぐって進むとその左側にあった」とある。

芝浦球場の景観については埠頭公園の説明板より詳しく、こんなふうに描写している。

「空気が澄み切っていて美味しかった。晴れた日、青い空の下に広がる紺碧の海を眺めながらの野球見物はとても今の球場からは想像もつかない。バックネット裏の木造スタンドは二十段もあったろうか。その三塁寄りのところには別のスタンドがあり、そこには『婦人席』と記されていた。陽射しの強い時にはパラソルが朝顔の花のように色とりどりに開き、美しかった。確かこの婦人席は男子禁制で無料だったと記憶する」

同書には協会に所属する選手の金銭面の待遇にも触れている。それによると、練習生は住居、食事付きで1カ月15円、選手になると45円に昇給したとある。「当時の大学出の一流企業の初任給が五十円程度であった」とあるので、現在の球界ならドラフト4位で入団した新人選手くらいの年収だろうか（契約金を含まない）。がんがん興行して黒字を出して、というのではない。野球人の模範を世に示すことを目的としたチームである。それを考えれば「月給45円」はよく出したほうだ。

活動を中断後、日本運動協会は小林一三《いちぞう》率いる阪急電鉄に引き取られ、「宝塚運動協会」と名を変えて活動を再開する。

最後に山本栄一郎という選手について触れよう。佐藤光房著『もうひとつのプロ野球』には、「山本栄一郎の数奇な生涯」というサブタイトルがついている。協会チームが初めて芝浦球場で早大一軍メンバーと対戦したときの先発投手で、当時のナンバーワン投手・谷口五郎相手に延長10回を堂々と渡り合ったことでも知られている。

日本運動協会解散後、宝塚運動協会に移り、同協会の合宿から忽然と姿を消したあとは大陸に渡って実業団の大連実業に入り、ここで再会した谷口五郎とともにプレーし、28（昭和3）年の第2回都市対抗野球大会優勝に貢献する。

35（昭和10）年には巨人軍のアメリカ遠征にも加わっている。プロ野球の草創期、日本運動協会（宝塚運動協会）と読売巨人軍に所属した選手は山本以外にはいない。

8 高校野球とタイガースの聖地、甲子園球場に刻まれた歴史

鬱蒼と雑木が生い繁る三角州に出現した巨大スタジアム

武庫川の改修により支流の枝川とそのまた支流にあたる申川《さる》が廃川となり、その河床が阪神電鉄に一括して払い下げられたのが1922（大正11）年11月のこと。当時、この三角地帯には雑木が生い繁り、狸や狐が巣を作っていたという。ここに総収容人員8万人を誇る球場が竣工したのは、それから2年後の大正13年のことである。

この年は暦の干支《えと》を構成する「十干《じっかん》」と「十二支」のそれぞれ最初に当たる甲《きのえ》と子《ね》が60年ぶりに出会う縁起のいい年であったことから、「甲子園」と名づけられた。

この命名譚も含め今や全国的な知名度を得ている甲子園球場だが、当時ここは知る人の少ない人里離れた村で、球場ができる前の大正12年測図の地図には「中津」とだけ地名が記されている。

甲子園球場のライトスタンド向こうにある素盞嗚《すさのお》神社は、甲子園が誕生する遥か以前からその地にあった。創建は不詳だが、元禄や天保年間に再建された記録があるので、三百

数十年以前の創建と推定される。

資料には「三角州の要の地の大樹に囲まれた荘厳な神域」と紹介されている。背後に甲子園球場の照明塔が聳え立ち、前面には小ぢんまりとした飲食店が散在する現在の様子とはだいぶかけ離れているが、往時を偲ばせる写真が素盞嗚神社本殿に飾られている。南側にある小さな鳥居を正面から写した写真で、境内を覆う鬱蒼とした森が甲子園球場完成以前のこの辺りのありさまを彷彿《ほうふつ》とさせ貴重である。

実はこの写真に旧枝川の土手の松林がかすかに写っている。素盞嗚神社を正面に見て、右奥に低く連なって見える緑の群落こそ、その松林である。

土手の松林が意外なところに現存している。阪神甲子園駅から球場をめざし、阪神高速を潜る直前、土産・飲食店が並ぶ辺り、さらにその真正面にあるケンタッキーフライドチキンや白木屋などが軒を並べる辺りが旧枝川の土手である。

ビデオ作品『夏の甲子園 不滅の名勝負 1915▼2002』（企画・発行／朝日新聞社・ABC）の第1巻には出来たての甲子園球場を外野方向の上空から俯瞰した写真が登場し、旧枝川の土手の松林をはっきり見ることができる。今でこそ数える程度しか生えていない松が、当時は「びっしり」と表現してもいいくらい重層的に織り重なっているのがわかる。この辺りから南側の海《うみ》っ縁《ぺり》一帯を、阪神電鉄は一大レジャーゾーンにしようとし

完成した甲子園球場、1924年８月（提供：朝日新聞社）

た。

26（大正15）年には、現在の鳴尾浜公園へ向かう甲子園筋に路面電車を通し、甲子園、テニスコート前、甲子園九番町、浜甲子園、高砂、中津浜と駅を設け、各駅のそばには甲子園球場、テニスの百面コート、甲子園南運動場、阪神パーク、甲子園浜海水浴場などのレジャー施設が作られ、28年には住宅地の分譲開始に合わせて路線を延伸、北へ向けて甲子園五番町、甲子園三番町、上甲子園と駅が設けられた。

05（明治38）年に大阪と神戸が鉄道によって結ばれたことにより、大阪―神戸のいわゆる阪神地区には「阪神間モダニズム」と呼ばれる西洋色の濃い独特の文化が花開き、リゾート地として発展していく素地が整っていた。そういう土地の履歴が、旧枝川・申川の土手の松林からは濃厚に漂っている。

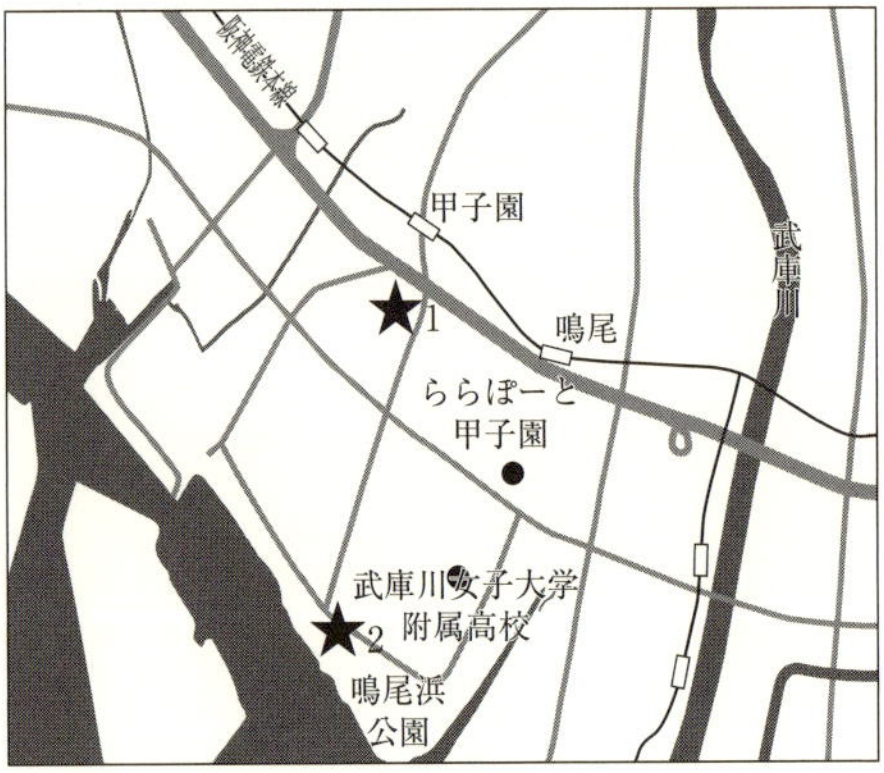

★1甲子園球場　★2鳴尾球場

ちなみに、上甲子園駅（現在のJR甲子園口駅）近くの武庫川沿いには東の帝国ホテルと並び称された甲子園ホテルが建てられている。アメリカの名建築家、フランク・ロイド・

ライト式の壮麗な佇まいで、現在は武庫川女子学院・上甲子園会館と名前を変えている。甲子園大会を観戦した折にはぜひ足を延ばしてもらいたい。

■畦道をバット担いで歩いた第一神港商業の選手たち

甲子園球場周辺の昔話にもう少しお付き合いいただきたい。初代セ・リーグ審判部長で、野球殿堂入りも果たしている島秀之助は、この辺りのことを著書『白球とともに生きて』（ベースボール・マガジン社）の中で、「神港商――神戸市立第一神港商業――の頃を思い出すと、いつも私の頭に浮かんでくるのは、鳴尾村西畑の合宿からバットを担いで畦道《あぜみち》を歩いて1キロ半、鳴尾球場に練習に向かった夏の日のことだ」と書いている。

神戸市立第一神港商業とは現在の神戸市立神港高校のことで、甲子園大会では春夏通算22勝13敗と好戦績を残している。OBは島のほかに、やはり野球殿堂入りしている二出川延明（元パ・リーグ審判部長）が有名である。

この第一神港商業の合宿が鳴尾村西畑にあった。鳴尾村西畑とは、前に紹介したケンタッキーフライドチキンや白木屋などが軒を並べる旧枝川土手の裏手辺りで、現在の住所は西宮市甲子園七番町1である。甲子園球場正面まで歩いて3、4分というところだろうか。

また鳴尾球場とは、現在の鳴尾浜公園と浜甲子園団地にかけてあった阪神競馬場の中に作られた球場のことで、17（大正6）年から23年までの7年間、選手権が行われている。

この間の約1キロ半を23年測図の地図で見ると確かにあるのは田んぼばかりで、ここを第一神港商の選手たちはバットを担ぎ、歩いて通った。現在の地理感覚で言えば、ららぽーと甲子園、イトーヨーカドー、武庫川女子大学薬学部辺りである。

そして32（昭和7）年に測量された地図を見ると、田んぼはほぼ一掃されている。素盞嗚神社の辺りに目を移せば「中津」としかなかった地名に「甲子園」「月見里」が加わり、甲子園球場、プール、南運動場、阪神パークなどのレジャー施設群も明記され、時代の移り変わっていく様子がはっきりと見て取れる。

■阪急沿線から阪神沿線へと移った選手権の会場

選手権も選抜もいっしょくたにして「甲子園大会」と言うことが多いが、2大会とも最初に行われたのは甲子園球場ではない。夏の選手権は大阪府豊中市にある豊中グラウンド、春の選抜は愛知県名古屋市にある山本球場（八事《やごと》球場）で行われたのが最初である。

「大正四年（一九一五年）八月十八日午前八時三十分。箕面有馬電車沿線（現阪急）の豊中グラウンドのマウンドに、羽織りはかまに身をただした朝日新聞社社長、村山竜平（原文ママ）が、腕を大きくまわして白球を投げた。真っ白いニューボールが鳥取中学の捕手松田のミットにすうーっとすい込まれた。後ろには京大総長・故荒木寅三郎審判委員長が山高帽にモーニング姿で立っていた。この鮮やかな始球式で、それ以降五十数回をこえる〝全国高校野球選手権大会〟の歴史の幕が開かれた」

（『ああ甲子園!! 高校野球熱闘史』より　松尾俊治著、スポーツニッポン新聞社出版局）

有名な第1回全国中等学校優勝野球大会（選手権）の始球式を描いた一節である。甲子園球場で開催されなかったのは単純に球場が存在していなかったからだが、大会が行われたのが阪神沿線ではなく、ライバル関係にある阪急沿線の豊中グラウンドだったことが今から思えば不思議だ。

綿畑などがあった1万9600平方メートルの土地に阪急電鉄（当時箕面有馬電気軌道）が建設した豊中グラウンドは、木製の観覧席のほかに応援団席もあり、当時としては最高の施設だった。しかし、グラウンド状態はけっして良好とは言えず、第1試合の広島中学対鳥取中学戦で中村隆元（広島中）が放った打球はセンターの頭を越えて草むらの中に入り込み、中堅手がこれを探す間に中村がホームへ生還するという珍プレーを生んでいる。

第3回大会からは、球場を阪神沿線の鳴尾球場に移している。もし選手権が阪急電車の沿線で行われていたら、鉄道の収益のみならず、イベントの波及効果はかなりのものだったと思うが、そうはならなかった。

阪急グループに野球勘がなかったわけではない。22年には甲子園球場に先んじて宝塚球場を作り、2年後の24年には活動を中断していた日本運動協会を引き取って宝塚運動協会と名を変えている。36（昭和11）年には現在のプロ野球設立に参加し、88（昭和63）年にオリエント・リース（現在のオリックス）に身売りするまでの52年間、阪急ブレーブスの経営に携わっている。それほど野球に縁がありながら、気前よくというか、あっけなくというか、第3回以降の大会会場を阪神沿線に譲っている。

第3～9回大会までの会場となった鳴尾球場にも触れると、これほど不可思議な球場は歴史上他にない。なぜならこの球場、競馬場の中にあったのだ。当時の阪神競馬場は現在の鳴尾浜公園と浜甲子園団地にまたがる辺りにあり、その内側に鳴尾球場はあった。考えてみれば競馬場に必要なのは外周だけで、内側はいらない。球場が作られる以前も競馬場の内側4万4000坪の土地には荒涼たる原っぱと葦の沼があっただけと言われている。この内側に2つの球場が作られた。実は、この「2つ」というのが重要だった。

「そのころの大会は各校の自費参加だった。会期が長ければ長いほど滞在費が嵩《かさ》むので、会期を極力切り詰めたいというのが、主催者である大阪朝日新聞社の考え方だった。全国大会と銘うつ以上は、参加校は増やしたいし、会期が長くなれば負担が増大するという二律背反のジレンマを解消する手段として、考えられたのは会場の倍増だった。競馬場内に二球場を併設したことで、豊中で始まったこの大会は、三年目で会場を鳴尾へ移すことになった。（中略）鳴尾は球場とはいっても競馬場内を利用したものだけに、高い固定のスタンドをつくるわけにはいかない。そのため長さ三《メートル》六〇《センチ》、高さ八段の移動式木造スタンドをいくつかつくって、本塁後方から左右両翼へ並べた」

（『阪神タイガース　昭和のあゆみ』より　阪神タイガース発行）

世にも珍しい鳴尾球場のスタンド風景が見えてくるようではないか。ここで17（大正6）年の第3回大会から23年の第9回大会まで選手権が行われた（第4回大会は米騒動のため中止）。なお、移動式木造スタンドを並べたことにより5、6千人の観客収容が可能だったと言われている。そして試合ができる球場が2つになったことで懸案だった会期の短縮にも成功、「球場は阪神沿線」が定着し、現在に至っている。

■バックネット裏から内野まで覆う鉄傘がなくなった

選手権の予選に参加した学校は第1回大会が全国で73校だったのにくらべ、鳴尾球場に会場が移った17年には118校、鳴尾球場のラストイヤーになった23年には243校まで増えている。このラストイヤー（第9回大会）の準決勝、甲陽中学対立命館中学戦では観客が場内に流れ込み、試合続行が一時不可能になったことがある。

こうした当時の盛況ぶりは、『夏の甲子園 不滅の名勝負 1915▼2002』にもしっかりと映し出されている。観客台と呼ばれた木製スタンドは人で溢れ返り、台の足場部分に辛うじて足をかけて試合を見ようとしている人がいるかと思えば、木組みのスコアボード最上部に跨って試合を見ている人が10人以上もいる。こうした事態が本格的な球場を待ち望む声を後押しした。

甲子園球場が完成したのは、第10回大会が行われた24（大正13）年8月である。両翼110メートル（現在は96メートル）、中堅119メートル（現在は120メートル）、さらに特筆されるのは左中間・右中間が128メートルと極端に深いことである。まさに「東洋一のマンモススタジアム」の名に恥じない威容で、竣工当時、6万人の観客で球場が埋まるか心配する向きもあったというが、3日目には早くも大入り満員となり、「満員につき来場お断り」の貼り紙が出された。

甲子園の代名詞とも言える鉄傘にも歴史がある。当初、バックネット裏から内野スタンドを覆っていた鉄傘は、31（昭和6）年には東西アルプススタンドまで広がり、外野を除く全スタンドが鉄製の屋根で覆われた。この鉄傘を戦争が激化する43（昭和18）年には資源の不足を補うため軍に供出せざるを得なくなり、51年にジュラルミン製の鉄傘が復活するまで、青天井のまま過ごさなければならなかった。

この丸裸の甲子園球場を戦後、詩人の安西冬衛は次のような文章で描いている。

「スーザの『星条旗よ永遠なれ』で開幕した昭和二十二年。戦後復活の第十九回大会。ワンマン首相の『フテイノヤカラ』に明けたこの年は、二・一ゼネストの危機を辛くも避け得たものの、一般大衆は千八百ベースの耐乏生活で給料の遅配、欠配にあえいでいたあさましい時代で、そんな暗い世相に一道の光明を投げかけたのがわがセンバツである。

私は大鉄サンを戦争で失ったむきだしのマンモス・スタンドで米軍の軽翼から白い軌跡をひいて投下されたあの日の処女球の真新しいひかりを今も忘れない」

（『日本の名随筆別巻73　野球』所収「球春のアプローチ」より　安西冬衛著、作品社）

〈てふてふが一匹韃靼《だったん》海峡を渡って行った〉という短い詩で「春」を表現した安西は、鉄傘のないむき出しのスタンドと米軍機から投じられたニューボールのコントラストに、戦争へのアンチテーゼと平和への祈念を織り込んだ。

『甲子園球場物語』（文春新書）の著者、玉置通夫も鉄傘不在の甲子園球場の姿を関係者の声を拾い集め、同書の中で紹介している。

「わびしかったなあ。とくに、球場の外に壊した鉄傘が放置されているのを見て、ひどく腹が立ったのを覚えている」（金田正泰・阪神外野手）

「鉄傘が回収されるという話を聞いて本当に寂しかった。鉄傘は歓声や拍手が地鳴りのように響くのが特色だったが、あの日は、取り壊し作業をするハンマーの槌音がしていたなあ」（玉置玉一・阪神内野手）

プレーと直接関係のない鉄傘でさえ、これだけの思い入れでもって語られるのである。こんな球場は甲子園くらいしかない。

■中京商の3連覇が好選手輩出の流れを作った

甲子園球場に舞台が移ると、数々の名勝負、名選手が生み出された。その中でもファンのみならず、プレーしている選手たちにも大きな影響を与えた試合が、33年夏に行われた第19回大会準決勝の明石中学対中京商戦だろう。

中京商（現中京大中京）は前年まで和歌山中以来の2連覇を達成している。その王者が、春の選抜大会準決勝では明石中の剛腕楠本保の前に3安打、12奪三振を喫し完敗した。

余談だが、明石中はこの年の選抜大会準々決勝で京都商と対戦している。京都商のエースはのちにベーブ・ルース、ルー・ゲーリッグを擁する全米オールスターチームを1失点に抑え、メジャーリーグから誘われたという逸話を持つ沢村栄治（京都商）。その沢村と屈指の投手戦を演じ2対1で下しているのである。楠本がこの時期いかに充実していたかわかる。

ところが準々決勝の横浜商戦後、楠本は脚気と疲労のため倒れてしまった。そして、楠本に代わって王者・中京商の前に立ちはだかったのが左腕・中田武雄である。

楠本の快速球を想定して練習してきた中京商は、中田のカーブに面食らった。吉田正男（中京商）も付け入るスキを見せず、試合は延長戦に突入する。古いフィルムには仮設のスコアボードが増設され、そこに0のボードが25回表まで不格好に並べられていく様子がコミカルに映し出されている。

試合は25回裏に動く。中京商が無死満塁という絶好のチャンスを迎え、1番大野木浜市が二塁ゴロを放つと3人の走者は一斉にスタートを切った。そして、明石中の二塁手・嘉藤栄吉のホーム返球が高く逸れる間に三塁走者が生還、熱闘に終止符が打たれた。

明石中を下した中京商はその勢いをかって決勝戦を勝ち抜き、前人未到の選手権3連覇を達成するのだが、注目したいのはそれから2年後の35年、中等野球を題材とした2本の映画が生まれていることだ。『ああ玉杯に花うけて』（新興、上砂泰蔵監督）と『魂を投げろ』（日活、田口哲監督）で、後者は早大初代監督としてあまりにも有名な飛田穂洲の『野球道』（話社）が原作になっている。

試合に影響されて映画が作られるということは、その試合が社会的な注目を集めたということである。当然、中京商は全国中学球児の目標になった。明治23年から14年間王座に君臨した一高、その一高を明治37年に破った早大、慶大が他校から目標にされることによって大学球界のレベルを上げたように、中京商の存在は中学野球界の目的意識を一変させたのである。

3年間、中京商のマウンドを死守した吉田正男が甲子園大会で残した成績は23勝3敗。この記録は5季連続出場して優勝2回、準優勝2回、準決勝進出1回を果たしたＰＬ学園、桑田真澄（20勝3敗）ですら破れず、不滅の大記録として現在も聳え立っている。

■甲子園のヒーローが即、プロ野球のヒーローではなかった時代

プロ野球のリーグ戦が36（昭和11）年から始まると、野球人の価値は徐々に中学・高校、大学野球からプロ野球の実績によって語られるようになる。

それでは、甲子園球児のどの辺りからプロ野球選手が多くなるのだろう。22（大正11）年の第8回大会には、その後慶大から満鉄倶楽部へと進み、47（昭和22）年に阪急に入団する浜崎真二（神戸商）が出場している。01（明治34）年生まれだから、プロ入りは46歳ということになる。工藤公康（元西武など）や山本昌（中日）が勝つたびに勝利投手のプロ野球最年長記録として紹介されてきたが、この年代の人でプロの選手としてプレーした人は浜崎以外にいない。

第9回大会にも、その後プロ野球で名を成す選手が登場する。藤本定義（投手・松山商）と森茂雄（遊撃手・松山商）である。藤本は早大から東京鉄道管理局へと進み、36年に巨人の監督に就任して第1期黄金時代を築き、森も早大から東京クラブを経て、36年に阪神（当時大阪）の初代監督に就任する。ともに野球殿堂入りするほど大きな足跡をプロ野球界に残すが、選手としてはプレーしていない。

第10回大会（1924年）には、前出の第一神港商からプロ野球の世界に飛び込む選手が登場する。山下実（一塁手・慶大↓満州倶楽部↓阪急）と島秀之助（外野手・法大↓金《きん》

鯱《こ》）だ。山下は07年3月、島は08年6月生まれなのでスタートしたばかりのプロ野球のリーグ戦に合流したときは20代後半になっていた。

第11回大会に出場する宮武三郎（高松商→慶大→阪急）、水原茂（高松商→慶大→巨人）も同世代なので、プロ野球に身を投じたときはすでに力が下り坂に差しかかり、目立った活躍はしていない。

第14回大会（28年）の優勝校・松本商（現松商学園）のエースが、のちにプロ野球初の三冠王になる中島治康（早大→藤倉電線→巨人）だ。10年生まれの中島が36年にスタートしたプロ野球のリーグ戦に合流したのは26歳のときである。同学年の苅田久徳（本牧中→法大→セネタース）も「苅田の前に苅田なく、苅田の後に苅田なし」と言われるほど活躍するので、この年代くらいからプロ野球選手がぽつぽつ現れるようになる。

ただ、中島と同学年で、第4回選抜大会（27年）の優勝投手・小川正太郎（和歌山中→早大）などは「不世出の左腕」と謳《うた》われながらプロの世界に身を投じていない。甲子園で活躍した選手がプロ野球で大挙して活躍するようになるのは、もう少し後のことである。

第20回大会の藤村富美男（投手・呉港中）、23回大会の野口二郎（投手・中京商）をはじめ、巨人で「花の（昭和）13年組」と謳われた川上哲治、吉原正喜（熊本工のバッテリー）、千葉茂（内野手・松山商）が甲子園で注目を集めたのは34〜37年の4年間である。

彼らプロ野球草創期の名選手と次に挙げる甲子園のヒーローがたいした年の差もなく、ほぼ同時代を甲子園ですごした。


楠本　保（明石中）……第18回大会（32年）で通算64奪三振を記録。慶大、戦死。

中田武雄（明石中）……第19回大会の中京商戦で延長25回を完投。慶大、戦死。

吉田正男（中京商）……第17〜19回大会の中京商3連覇時のエース。明大→藤倉電線。

松井栄造（県岐阜商）…第22回大会をはじめ春夏3回優勝。早大→藤倉電線、戦死。

嶋　清一（海草中）……第25回大会の準決勝、決勝を無安打無得点。明大、戦死。


以上の5人が、プロ野球の世界に進んだ藤村や川上とまるで違う伝説で語られるのは主に戦争のためで、楠本、中田、松井、嶋の4人が戦地で命を落としている。しかし、忘れてはならないのは、沢村栄治（京都商→巨人）や吉原など、プロに身を投じた選手も同じくらい多く戦争で命を落としていることだ。

この頃、プロ野球は市民権を得ていなかった。ファンは選手がプレーをして金銭を得ることを不浄だと思い、選手の多くは野球が男子一生の仕事になるとは夢にも思わなかった。そういう成熟していない土壌が、甲子園のヒーローの多くがプロの世界に進まず、アマチュアのまま球歴を閉じる最大の理由であった。

甲子園には、甲子園のヒーローのまま球歴を閉じた選手たちの小宇宙と、その後プロ野球に進み、思い出として甲子園が語られる選手たちの小宇宙が混在している。

甲子園大会の深みには一筋縄でいかないねじれがあり、そのねじれが全体像を見通せない視界不良を起こさせている。そして、そういう視界不良はまったく不快ではなく、心地よくさえある。だから甲子園は、記述する人間にとっては厄介なのである。


天才宮武と山下がプロで大成しなかった理由

「あの天才児宮武、山下の両君がプロになり、阪急へ入った。これは面白くなったぞとこの二人に望外の期待をかけた。所がどうした事か、あんまり香ばしい成績でなかった。そしていつの間にかプロ球界から消え去った。私はがっかりした。気のりしなかったのかしら、どこが気にいらんのかしら、それとも既にトウがたっていたのかしら、何故もっと真剣にやらんのかまったくハガユかった。二人共どうかしてんのかいと当時の監督三宅君にきいたら、あいつらあ度し難いよとアッサリと答えてくれた。そんなもんかなあとどうしても割り切れなかった。それだからと云って宮武、山下両選手の天分素質は他をぬきんでていた事は間違いない。ただこの二人が川上や藤村の両選手の如き切磋琢磨がなかった。プロに徹し切れなかったからだ」

これは54（昭和29）年9月発行の『ベースボール・マガジン』（ベースボール・マガジン社）中のコラム「監督稼業ざんげ録　野球道の探究」に書かれた一節で、著者は1894（明治27）年生まれの小西得郎である。中学野球で傑出した成績を上げた宮武や山下にとって甲子園の先にプロ野球があるなどとは夢にも思わなかったのだろう。それがプロ野球のヒーローとなった川上哲治や藤村富美男との大きな違いであった。小西の文章からはそういうプロとアマの隔絶した前時代の空気が濃厚に伝わってくる。

■甲子園を舞台にした戦後の熱戦譜

戦後の甲子園にも多くのドラマがあった。おおよそ半世紀に及ぶ名勝負の流れを、時系列に沿って寸評のような形で追っていこう。

◇58（昭和33）年夏、第40回選手権準々決勝……徳島商0—0魚津（延長18回）
徳島商・板東英二、魚津・村椿輝雄の投手戦は決着がつかず、翌日再試合が行われ、徳島商が3対1で魚津を下した。板東はこの大会で不滅の大記録、通算83奪三振を達成する。
◇61（昭和36）年夏、第43回選手権1回戦……報徳学園7—6倉敷工（延長12回）
0対0の11回表に倉敷工が6点取って勝負は決したかに思えたが、その裏に報徳学園が6点取って同点に。そして12回裏、報徳学園がサヨナラ安打で奇跡の大逆転を達成。
◇61（昭和36）年夏、第43回選手権準決勝……浪商4—2法政二（延長11回）
60年夏、61年春とも法政二に屈した浪商が3度目にして雪辱を果たした試合。超高校級右腕、尾崎行雄（浪商）と柴田勲（法政二）の投手戦は後世に語り継がれる。
◇69（昭和44）年夏、第51回選手権決勝……松山商0—0三沢（延長18回）
優勝候補の松山商に青森の公立・三沢が挑むが延長18回の激闘は勝負がつかず、翌日の決勝再試合で松山商が4対2で三沢を下した。三沢のエース、太田幸司の人気が過熱した。
◇73（昭和48）年春、第45回選抜準決勝……広島商2—1作新学院
怪物・江川卓（作新学院）が2安打、11奪三振の広島商に苦杯をなめた試合。広島商は徹底した待球作戦で高めストレートを見送り、江川から8四球を奪って逆転勝ちした。
◇79（昭和54）年夏、第61回選手権3回戦……箕島4—3星稜（延長18回）

「神様が創った試合」と言われている。17回まで星稜が1点取るとその裏に箕島が追いつくというデッドヒートが演じられ、18回裏に箕島がサヨナラ安打で死闘に終止符を打つ。

◇82（昭和57）年夏、第64回選手権準々決勝……池田14―2早稲田実

荒木大輔を擁する優勝候補の早稲田実を伏兵・池田が20安打の猛攻で荒木、石井丈裕（元西武など）を粉砕した。甲子園に革命を起こした池田打線が全国的に注目を集めた試合。

◇83（昭和58）年夏、第65回選手権準決勝……ＰＬ学園7―0池田

82年夏・83年春と2季連続優勝の池田が史上初の3季連続優勝を狙うが、桑田真澄、清原和博の1年生が投打の主力、ＰＬ学園に大敗を喫し、時代はＰＬ学園の天下に移行する。

◇98（平成10）年夏、第80回選手権準々決勝……横浜9―7ＰＬ学園（延長17回）

横浜捕手の捕球姿勢から松坂大輔の球種を見破り、掛け声で打者に伝達したＰＬ学園と、そのクセを試合中に修正した横浜の頭脳戦。横浜はその後も勝ち続け、春夏連覇を達成。

◇06（平成18）年夏、第88回選手権決勝……早稲田実1―1駒大苫小牧（延長15回）

先発した早実・斎藤佑樹と、3回からリリーフした駒大苫小牧・田中将大の投手戦は延長15回でも決着がつかず、史上2度目の翌日再試合となり、早実が4対3で優勝する。

◇09（平成21）年夏、第91回選手権決勝……中京大中京10―9日本文理

10対4で勝利を確信した中京大中京は9回表、エース堂林翔太を再びマウンドに上げる

が、北陸初の優勝を狙う日本文理は打者10人を送る猛攻で1点差まで詰め寄った。

記憶と記録に残る戦後66年の戦いを紹介した。あの試合がないこの試合がないと不満が出そうだが、皆さんなりの記憶を掘り起こして、それぞれの〝戦後甲子園史〟を作り上げてもらいたい。

■豊中〜鳴尾〜甲子園を歩く

◇豊中グラウンド跡

第1回全国中等学校優勝野球大会が行われた豊中グラウンドの正門がまだ現存している。阪急宝塚線の豊中駅を降りて蛍池方向へ向かい、エトレ豊中の先を左へ行くと、そこからは玉井町の住宅街が広がり、6、7分歩くと唐突にレンガ造りの門らしきものが現れる。ここが「メモリアルパーク」とも呼ばれる豊中グラウンド跡である。

「羽織りはかまに身をただした朝日新聞社社長、村山龍平が、腕を大きくまわして白球を投げた。真っ白いニューボールが鳥取中学の捕手松田のミットにすうーっとすい込まれた」

——煉瓦塀に嵌め込まれたレリーフに刻まれている言葉である。

始球式の球は空振りする、というのはこの頃も常識だったようで、広島中学の1番打者

豊中グラウンド跡

★豊中グラウンド

は当然のように空振りをした。そしてゲームが始まり、鳥取中学の先発、鹿田一郎投手が初球をど真ん中にストレートを投げ「ストライク」がコールされる。0ボール1ストライクのはずだが、始球式の空振りがストライクに勘定されるという勘違いがあり、0ボール2ストライクのまま試合は続行したという。今は3階建ての集合住宅が建ち並ぶこの煉瓦塀の向こう、97年前には広々としたグラウンドが広がっていたその場所で繰り広げられた珍プレーである。

◇「野球」の名付親、中馬庚《ちゅうまかのえ》が眠る円満寺

豊中駅から1つ先の蛍池駅には「ベースボール」を「野球」と和訳した中馬庚が眠る円満寺がある。東出口に出て大阪モノレールの下を豊中方向へ歩いて3、4分くらいすると「刀根山病院」の看板があり、ここを斜め左に上がっていくとすぐに円満寺の本堂が見えてくる。

06（平成18）年3月22日付の北海道新聞スポーツ面を見ると、選抜大会に出場する旭川実業ナインが、21日朝、円満寺を訪れ、中馬庚の墓参りを行ったと紹介されている。聞けば、この頃から北海道勢が宿泊するホテルが円満寺に近い池田市にある縁で、訪れるようになったという。

中馬は1870（明治3）年、鹿児島市西千石町に生まれ、一高、東京帝国大学に進み、卒業後は郷里の鹿児島に帰って中学校で教鞭を執った。その後、新潟、秋田、徳島で中学校の校長を務め、退職後は浪速銀行に入行。7年間勤めたのちに退職し、麻田村（大阪府豊中市刀根山）に隠棲し、32（昭和7）年3月没。

生誕地の鹿児島県・鴨池市民球場の正面付近には中馬の胸像と、業績を讃えたボールを模したモニュメントがあり、そこには「教育者として鹿児島第一中学校及び第二中学校教諭、そして徳島県脇町中学校長など各地で厳教慈育の信念をもって、教育の道を全うされた」とある。

なお阪急沿線にはわが国2番目のプロ野球チーム、宝塚運動協会の本拠地・宝塚球場の跡地もある。

◇鳴尾球場跡

阪神甲子園駅から甲子園筋を南に16、7分歩くと、突き当たりが鳴尾浜公園である。海の香りがプンプン匂っているのもそのはずで、公園の裏手の防潮堤を上がって前方を見渡せば、そこには海が広がっている。この防潮堤の手前に鳴尾球場跡の記念碑がある。

海の近くで公園の敷地も狭いので、初めて訪れた人は「鳴尾球場って狭かったんだな」

と思われるかもしれないが、写真で見ると広大な阪神競馬場が海側から浜甲子園団地にまたがる辺りにあり、その内側に鳴尾球場があった。現在の地理感覚でいえば、鳴尾浜公園から武庫川女子大付属高校近くまでが阪神競馬場だった。

この鳴尾球場で初めて選手権が行われた第3回大会は一度だけ敗者復活戦が採用された。1回戦で長野師範に敗れた愛知一中が敗者復活戦で和歌山中を下し、準々決勝以降、明星商、杵築中を連破し、1点リードされた関西学院との決勝戦を降雨ノーゲーム（6回表まで0対1）で逃れ、延長14回に及んだ再試合を1対0で勝って優勝している。

ちなみに、愛知一中の長谷川武治投手は降雨ノーゲームを「当時の審判がハカマ姿のため雨でゲームをつづけることが出来なくなったのは幸いだった」と振り返っている（『あゝ甲子園!! 高校野球熱闘史』より）。大昔の高校野球はずいぶんのどかに行われていた。

9 スパイも暗躍した大宮公園球場

スタルヒンが投げて、ベーブ・ルース、長嶋茂雄がホームランを打った

「主人の旧門下生であったそうだが、今では学校を卒業して、何でも主人より立派になっているという話しである」——夏目漱石の名作『吾輩は猫である』の主人公、猫にこう言われているのが水島寒月で、そのモデルになったのが物理学者の寺田寅彦である。この寺田が『写生紀行』という随筆の中で、大正10年当時の大宮公園を生き生きと描いている。

「公園の中よりは反対の並み木道を行ったほうが私の好きな画題は多いらしく思われた。しかしせっかくここまで来て、名高いこの公園を一見しないのも、あまりに世間というものに申し訳がないと思って大きな鳥居をくぐってはいって行った。／いつのまにか宮の裏へ抜けると、かなり広い草原に高くそびえた松林があって、そこにさっきの女学生が隊を立てて集まっていた。遠くで見ると草花が咲いているようで美しかった」

（『寺田寅彦随筆集第一巻』所収「写生紀行」より　岩波文庫）

本郷の自宅から大宮までの行き方が丁寧に描かれていて、この時期の東京を知るうえで貴重である。まず市内電車（路面電車）で巣鴨まで行き、そこから省線（現在の山手線）で田端まで行き、さらに田端から大宮まで行くという道程が詳しく描かれている。

この大宮行きはいわゆるスケッチ旅行で、同書には「郊外へでも行けばそういう点でいくらかぐあいのいい場所があるだろうと思ったが、しかし一方でまたあまり長く電車や汽車に乗り、また重いものをさげて長途を歩くのは今の病気にさわるという懸念があった」と書かれている。大宮公園がどういう場所だったのか、何となくわかる書き方ではないか。近くなく遠くもない東京の奥座敷――これが大宮公園に与えられた役割だった。

寺田が訪れる前年の１９２０（大正９）年、東京帝国大学教授・本多静六の指導によって大宮公園の拡張整備が行われ、本多はこの計画書の冒頭で「県民のための公園としてだけではなく、東京の市外公園としての役割が重要だ」と述べている。「東京の奥座敷」とは言い得て妙である。

なお、寺田が書く「大きな鳥居」の奥には武蔵国の一宮として知られ、毎年初詣の参拝客が県内で上位を記録する氷川神社がある。素盞嗚尊《すさのおのみこと》などを祭神とし、創建は孝昭天皇の代というから相当古い。

■割烹旅館跡地そばに作られた野球場

東武野田線の大宮公園駅から大宮公園球場へ行く途中、ボート池の先に児童公園がある。この場所に昭和のはじめまで建っていたのが万松楼という割烹旅館で、１８９１（明治24）年９月に東京帝国大学の学生、正岡子規が10日ほど逗留している記録がある。病床で書き綴った『墨汁一滴』（正岡子規著、岩波文庫）には、「松林の中にあって静かな涼しい処で意外に善い。それにうまいものは食べるしちょうど萩の盛りというのだから愉快で愉快でたまらない。松林を徘徊したり野逕《のみち》を逍遥したり、くたびれると帰って来てしきりに発句を考える」と当時を回想している。さらに、この愉快を１人で貪るのは惜しいと学友の夏目漱石を呼び、１、２泊しているのだから、３年前に喀血している人物とは思えない暢気さである。

万松楼以外でも園内には東山温泉、山家、若木屋、石州楼など多くの割烹旅館があった。ちなみに、石州楼の跡地には現在、Ｊリーグに加盟する大宮アル

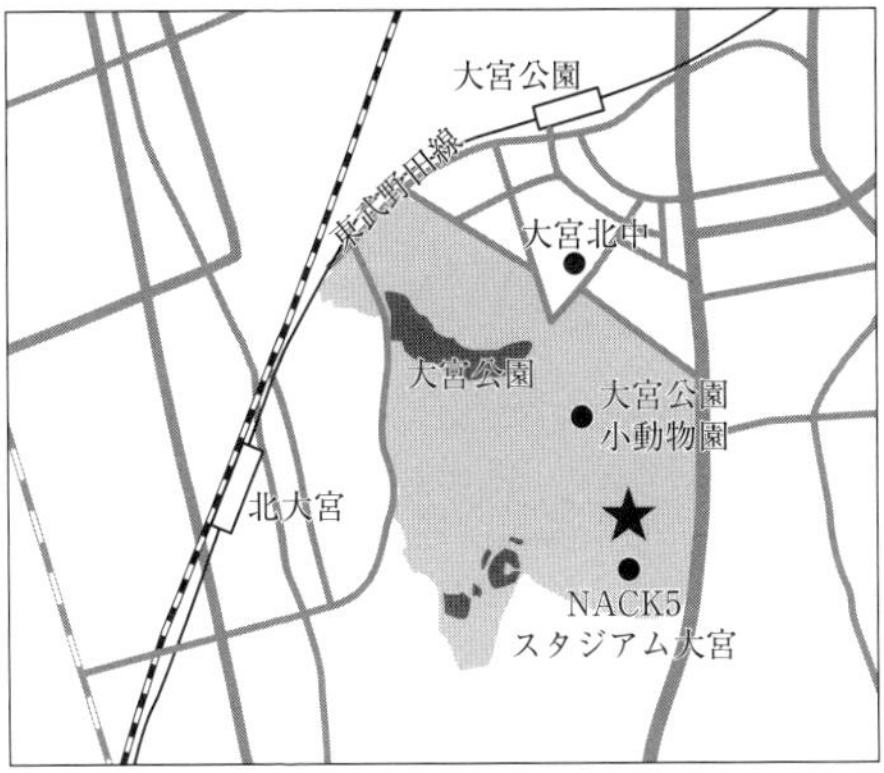

★大宮公園球場

ディージャのホームスタジアム、ナック5スタジアム大宮が建てられている。広い公園の維持費を捻出するため公園内を区画し、料亭などに貸さなければならなかった事情が垣間見える。

昔の写真を見るとボート池に屋形船が浮かび、現在の大宮公園とはまるで様相が異なっているのに驚かされる。これらの割烹旅館が園外へ立ち退いたあと公園改良工事が進められ、1934（昭和9）年に大宮公園球場が竣工した。

もっとも、それ以前から割烹旅館が立ち退くという話はあったらしく、前述の『写生紀行』には料理屋の女中が寺田に「（園内拡張にともなって）私どもはここを立ちのかなければなりません」と訴えている場面がある。本多静六が進めた拡張整備が14年という長い年月を要したことが、こういうやりとりによってリアリティをともなって迫ってくる。

■スタルヒンがプロデビューを飾るまでの紆余曲折

34年当時、首都圏の野球環境はよくなかった。11月にベーブ・ルースやルー・ゲーリッグをはじめとする全米オールスターチームが来日し、全日本チームと18試合対戦しているが（東京倶楽部との対戦を含む）、首都圏で行われたのは神宮球場、横浜平和球場（現在の横浜スタジアム）とここ大宮公園球場の3カ所しかない。後楽園球場はこれより3年後、

37年の竣工なので当時は影も形もない。そういう中で日米親善野球の第17戦が大宮公園球場で行われ、全米チームが23対5で全日本チームを蹴散らしている。

大宮公園球場で行われたこの第17戦が重要なのは、プロ野球投手として初めて300勝を達成するヴィクトル・スタルヒンがプロデビューを果たしているからである。

大宮公園球場を語るとき、絶対に名前を外せない選手が3人いる。この日米親善野球で2本のホームランを放ったベーブ・ルース、53（昭和28）年8月の南関東大会1回戦、熊谷高戦でバックスクリーンへホームランを放った長嶋茂雄（高校生活唯一のホームラン）、そして、ベーブ・ルースが2本のホームランを放った日米親善野球第17戦でプロデビューしたスタルヒンである。

16（大正5）年生まれのスタルヒンは本来ならこの年、旧制旭川中学の4年生である。スタルヒンの愛娘、ナターシャ・スタルヒンが書いた『白球に栄光と夢をのせて』（ベースボール・マガジン社）はおよそタイトルに似つかわしくないスタルヒンの苛烈な人生を描いているが、それによると甲子園出場を経たのち早大に進学して日本一の投手になるという夢は、この日米親善野球によって捨てざるを得なかった。

17年に勃発したロシア革命とその後の内戦を逃れ、ロシア帝国の将校だった父・コンスタンチンが妻と息子ヴィクトル・スタルヒンを連れて故国を捨て日本にたどり着いたのは

25（大正14）年のことである。旭川で父は行商をし、母はミルクホール「白ロシア」を開いて一時の安寧に浸っている。

スタルヒンは旭川の日章小学校を卒業後、類まれな野球の素質が見込まれて兵庫県西宮市の甲陽中学に入学と、順調な学園生活を送っていた。しかし、北海道から180センチにもなろうという剛腕の白系ロシア人をスカウティングすれば他校のやっかみも受ける。「甲陽中は中学野球の道義に反する」という声に抗しきれず、スタルヒンはわずか2カ月で一家とともに旭川に逆戻りして、旭川中学に編入することになる。

32（昭和7）年の全道大会は準々決勝、33年と34年は決勝で敗退し、旭川中は甲子園を前に足踏みを続ける。そして、敗れてもスタルヒンの名前は全国に鳴り響き、それが結果的にスタルヒンを「早大に進学して日本一の投手になるという夢」から遠ざけることになる。その遠因となる事件が33年1月に起こっている。

旭川に帰って再び「バイカル」というミルクホールを開業した父は、看板娘にしようと雇ったロシア人女性を殺してしまうのである。ボリシェヴィキ（ロシア革命の勝利者）を礼賛した、ボリシェヴィキのスパイだったなど理由はさまざまに言われるが真相はわからない。

『白球に栄光と夢をのせて』によると、その後のスタルヒン母子は生活苦に追い込まれ、部員たちが小遣い銭を出し合うなどして毎月7円50銭の授業料を工面し、さらに野球部長が援助者を募って月々40円の生活費を捻出したという。

個人的な話になるが、この時期私の母方の祖父、河原芳雄はスタルヒンが通う旭川中学で教師をしていた。私が生まれるずっと以前、修学旅行先の関西で急死しているので直接話を聞いたことはないが、私が野球に興味を覚えた頃、母は「おまえのお祖父さんはスタルヒンに勉強を教えていたんだよ」と言い聞かせるように何度も繰り返した。

野球はたいして好きではなかったが、旭川で生まれ育った母にとってスタルヒンは自慢すべき郷土の大先輩だった。この何度も繰り返される母の言葉を通して、スタルヒン一家を援助するためチームメートや周囲の大人たちが5円、10円と持ち寄る姿を、私はリアルに思い浮かべることができる。

スタルヒンの「早大に進学して日本一の投手になるという夢」は結局叶わなかった。全米オールスターチームに一矢を報い、その後に続く職業野球（プロ野球）に人材を招き入れるよう厳命されていた市岡忠男全日本総監督が、あらゆる人脈と手練手管を使ってスタルヒンを全日本入りさせたのだ。

交渉の過程では150万人とも200万人とも言われる粛清の嵐が吹き荒れるソビエト連邦に身柄を引き渡すぞ、という脅し文句も出たという。スタルヒン一家の無国籍と、父・

コンスタンチンが犯した殺人事件がこの脅し文句の背景にあることは言うまでもない。
わかりにくいのは、スタルヒンがどうして全日本チームへの参加を嫌がり、その後に続く職業野球チーム（巨人）への入団に反発したのかということだ。河野安通志が立ち上げたわが国初のプロ野球チーム、日本運動協会（芝浦協会）のところで「商売、商売」とヤジが頻繁に飛んだと書いたが、同協会の解散から10年たった34年当時でも野球を職業にすることへの反発は依然として強かったのである。
スタルヒンは34年11月25日、午前3時すぎの列車に乗り込んで旭川を後にし、29日の日米親善試合には早くも3番手としてマウンドに上がっている。

「旭川の中学生スタルヒンはベーブ・ルースに対して、ぐるぐる右腕を大きく何度も回転させ、くるっとセンター方向に体をひねって向き直ると剛速球を投げ込んだ。ボールはルースの頭上をかすめてバックネットを直撃した。／その頃、父コンスタンチンは独房で錯乱し、窓ガラスを破り、ガラスでのどを切ったため拘束衣を着せられていた」

（『枯葉の中の青い炎』より　辻原登著、新潮社）

『東京大学で世界文学を学ぶ』（集英社文庫）などの著書で知られる辻原登によって書か

れたスタルヒンのデビュー戦の描写である。スタルヒンは投球練習の初球がバックネットを直撃するボール、さらに最初の打者、チャールス・ゲリンジャーに対する初球もビーンボールまがいの内角球を投げている。偶然と言えなくもないが、１９９８年に〝名人苅田〟

スタルヒン、300勝記念ブロマイド（提供：野球殿堂博物館）

と謳われた苅田久徳氏（２００１年没）に話をうかがったとき、打ち込んだあとの打席では「あの野郎、怖いもんだからビーンボール投げやがった」と言っていた。

　この内角球への執念は何だろ

う。甘やかな甲子園大会や早慶戦へのあこがれを奪われたスタルヒンがひたすら打者を打ち取ることだけに執念を燃やした結果、身につけたピッチングスタイルとは言えないだろうか。野球に対する恨みのような感情すらうかがえる。

プロ入り後、巨人→パシフィック・太陽・大陽→金星・大映→高橋・トンボと渡り歩き、通算303勝175敗という超一級の成績を残しながら生涯日本国籍を得ることができず、引退後の57（昭和32）年1月12日深夜、みずから運転する車が玉川電車に衝突し、帰らぬ人となった。

スタルヒンは『枯葉の中の青い炎』以外でも、『凍《しば》れる瞳』（西木正明著、文藝春秋）で題材にされている。旭川中時代の全道大会で達成したノーヒットノーランと、その試合で対戦した野付牛中学のエース、田原完次が送った戦中・戦後の人生がシンクロする物悲しい作品である。スタルヒンを題材にしようとすれば、どうしてもこうした悲劇的な色彩を帯びた作品にならざるを得ない。興味のある方は一読してほしい。

『枯葉の中の青い炎』では主人公でトラック諸島・水曜島《トール》出身のアイザワ・ススム（元高橋ユニオンズ投手）とスタルヒンが次のような会話を交わすシーンがある。

「どうだい、このアメ車で、このままトールまで飛ばそうじゃないか。どうだい、行けるかい？」
「これなら行けますよ、きっと」
「行けるさ。シベリアだって、ウラルだって行けるさ。あの世までだってな」

享年40歳。あまりに短い生涯だった。

■大リーガーはスパイだった

23対5の大差で全米オールスターチームが勝った大宮公園球場のこの一戦に、ベンチに入っていなければいけないモー・バーグというキャッチャーがいない。フランク・ヘイズという選手がスタメンマスクをかぶり、バーグはというと当時東京で最も高い建物と言われていた築地の聖路加病院にいた。

グルー駐日アメリカ大使の娘、エルシー・ライオンズを見舞うと偽ってエレベータで最上階まで昇り、さらに階段を昇って鐘楼に達し、ムービーカメラで東京の街並み、造船所、工業地帯、東京湾周辺の軍関係の施設などを撮影しているのだ。ここで撮ったフィルムは後々、東京大空襲のデータになったとも言われている（『「大リーガー」はスパイだった』

ニコラス・ダウィドフ著、鈴木主税訳、平凡社)。

モー・バーグは2年前の32年にも、東京六大学リーグの学生に野球の指導をする名目で来日している。2週間半の船旅の間、日本語の習得に努めたバーグは日本に着いたときは見上げた看板のいくつかはその意味がわかるくらい習熟したとも言われ、雑誌『野球界』などはバーグを「語学の天才」と呼んでいる。

このコーチ行脚の模様を『「大リーガー」はスパイだった』は次のように紹介している。

「バーグたちは、小柄な日本人選手に見上げられながら、各大学を五、六日ずつかけてまわり、日本を代表する選手たちに、一塁と三塁に走者がいるときの守備や、アウトサイドの球を走者の動きに合わせて打ち返し、走者をスコアリング・ポジションに進める方法、球種や投げこむ位置を変えて打者を翻弄する方法などを教えた。バーグはコーチの役目を楽しんでいたが、彼にとってその仕事は日本のことを調べてまわる口実といってもよかった。バーグは、儀式が生活に深く入り込んでいるこの社会を見て、何よりもまず安心できるところだという印象をもった。(中略)/『日本ほど興味深い国は、これまで訪れたことがありません』と、彼は十一月九日付の家族にあてた手紙で書いている」

こんなモー・バーグを日本人は「言語学者のバーグ先生」と親しみを込めて呼び、バーグは帰国後、日本の思い出話に花を咲かせる親日家として少なくない時間を過ごしている。そういう人間が愛着のある土地を焦土と化す爆撃に一役買っているのである。人間の一筋縄でいかない一面を痛感させられる。

■日本人には強打が必要！　と提言するベーブ・ルース

いい機会なので、日米の野球観の違いについても考えてみたい。以下に紹介するのは、日米親善試合のため来日したメンバーによる日本野球への提言である。『東京読売巨人軍五十年史』からの抜粋なので、語られている媒体は読売新聞がほとんどであることを断っておく。80年前のものか、あるいは2013年のものか、提言の内容があまりにも現在の日本球界とマッチしているので驚かされる。

「米国選手は教える」（昭和9年11月14日付・読売新聞）

◇キャスカレラ投手＝日本の投手に欠けたものはチェンジ・オブ・ペース

◇ゴーメッツ＝日本の投手はウォーミング・アップにエネルギーを消耗しすぎ

総監督コニー・マックは、対戦した全日本チームの印象をこう総括した。

「……日本人の野球に対する観念は我々と違っている。早い話が練習なり試合なりで、我々はグラウンドに集まってまずバットを握るが、日本人はボールとグローブを握る。野球では如何に守備に万全を期しても打てなければ勝利は覚束ない。打ってこそ初めて勝利の喜びを味わえるものである。守備だけでは望外のことといわねばならぬ。打たなければ勝てないというのが、我々の野球の観念である」

「〝スラッガーを求めよ〟

日本人には特に『強打』が必要

カレッヂのベースボールはあまりに型にはまり過ぎ（中略）特に打撃に就いては押し当てていくという二十年も以前にアメリカで流行した方法が勢力を得て、それがすっかり伝統的に選手にこびりついてしまったものだという事である（後略）」

最後の言葉はベーブ・ルースが昭和12年1月4日付の読売新聞に語ったものである。これらの提言から、日本野球はプロ野球が本格的にスタートした時点から、アメリカ野球とはすでに基本的な観念を異にしていたことがわかる。そして、指導者やＯＢはそれに耳を貸そうとはせず、日本には日本のやり方がある、と突っ張ることが多かった。
当時の日本の選手は日米の差をどのように感じていたのだろうか。アメリカチームのように観念的な差などは考えず、ひたすら実力差だけに頭を悩ましていた様子がうかがえる。選抜メンバーの水原茂（のちの巨人、東映、中日監督）は次のように述懐している。

「全米軍の投手は投球がすばらしいと同時に、守備が完璧である。川上君の一塁寄りの強打をフェイン一塁手が取って、一塁ランナーを二塁に刺した。すぐに二塁手が一塁に返球すると、そこには投手のワール君が入っていてダブル・プレイが完成された。これなどは日本の投手ならばプレート上で茫然と見ているだけで、あとで『しまったッ』と思うに過ぎない。これなどは早速わが投手たちが採り入れるべきプレイであると思う。それのみではない。まだ片鱗しか示されないが、ロバット君、シャンツ君、いずれも相当むずかしい打球をチャンと捕っている。内野手、外野手、すべて学ぶべき点が多い」

（『「文藝春秋」にみるスポーツ昭和史』所収「野球監督の狙い」より　文藝春秋）

他にも「カーヴにしても大きく曲げてストライクへ入るのと、小さくチョコッと曲げて入れるのと、これがすべて同じ投球フォームで投げこんでくる。日本のピッチャーならば、フォームでカーヴかスピード・ボールかが判ってしまうが、彼等にはフォームの変化がない」と投球に目が向いている。バッティングはそもそもくらべることすら失礼である、と言わんばかりの無関心ぶりである。

現在の日本野球は80年前と同様、国際大会での強打不足、ホームラン不足に喘いでいる。日本野球はそろそろバッティングの重要性に気づくべきである。

■長嶋茂雄が高校時代、唯一のホームランを放った球場

ベーブ・ルース、ヴィクトル・スタルヒンに並び、大宮公園球場になくてはならない人物が長嶋茂雄である。プロ野球で444本のホームランを放った長嶋が高校（佐倉一高）時代、公式試合で放ったホームランがたった1本だけだったと言われたら皆さんは驚かれるだろうか。

1953（昭和28）年8月1日、千葉県と埼玉県の代表8校によって甲子園の切符が争われる南関東大会1回戦、熊谷高との試合でその1本は出た。『実況　長嶋茂雄』（越智正典著、毎日新聞社）がこの日の様子を描いている。

「佐倉一高は、第二試合で熊谷高校とぶつかった。一回、佐倉一高の投手奈良誠が、いき

なり熊谷高に急襲された。四安打を打ち込まれて三点を失った。奈良は二回から立ち直ったが、佐倉一高は熊谷高の福島郁夫が打てない。／六回になって長嶋が、センター・バックスクリーンに飛び込むホームランを放った。福島はこの一打にびっくりし、一死満塁のピンチに追い込まれたが、佐倉一高はこれ以上押せなかった。長嶋がたたき出した一点だけで、一対四で敗退した。大会は千葉一高が優勝し、甲子園に行った」

長嶋にホームランを打たれた福島は東映フライヤーズに入団後、6年間投手としてプレーした。退団後、地元熊谷のデパート「八木橋百貨店」に入るが、長嶋が巨人で活躍するようになると「長嶋に打たれたんじゃしょうがない、それどころか、長嶋のチームに勝ったんだ」と誉められることが多く、尊敬のまなざしも受けたという。

佐倉一高を卒業した54（昭和29）年、長嶋は立教大学に入学する。前年の53年は春が優勝、秋が2位のチームである。長嶋、杉浦忠（元南海）、本屋敷錦吾（元阪急など）など有望株の1年生が入学して期待は高かったが春、秋とも4位に低迷し、翌55年春のリーグ戦は5位に終わる。

砂押邦信監督による練習は苛烈を極めた。体操、ランニング、キャッチボール、トスバッティング、フリーバッティング、レギュラーバッティングと進み、シートノックで仕上げになるが、三塁手の長嶋が捕球に失敗すると再び体操からやり直しになるという厳しさだった。

池袋から2駅め、西武池袋線東長崎駅を降りて千川方向に歩いて10分ほどのところに都立千早高校があるが、ここにかつて立大野球部のグラウンドがあり、今では伝説となっている猛練習が繰り広げられた。国民的スター選手、長嶋茂雄を育んだ故郷と言っていい。

■昭和の風景と匂いが味わえるナイターの西武戦

両翼90メートル、中堅105メートルと手狭だった大宮公園球場が両翼99メートル、中堅122メートルという国際規格を満たす球場に建て替えられたのは1992（平成4）年である。

「東武野田線の大宮公園駅を降り、少し歩くと、広大な大宮公園の緑陰に出くわす。猛暑で汗だくになった首筋や背中に、心持ち微風が差し込んでくるようなひとときの涼である。蜩の声が樹間にかしましく、ボートを浮かべた池の表に乱反射した陽の光が舞い、緑陰の外には、油照の凄まじい暑気が容赦なく降り注いでいた。

緑陰を抜けると、歓声がワアーと上がった。埼玉大会決勝戦はすでに始まっているようだった。全国高校野球選手権を主催する朝日新聞社の小旗が、万国旗のように大宮公園球場の周囲を飾り、関係者や観客が弁当やジュースを買い求めようと、売店の前に人だかりを作っていた」

（『挟殺』より　小関順二著、蒼馬社）

98年に上梓した拙著から、最近の大宮公園球場周囲の様子を紹介した。この年の5月20日に行われた春季関東大会決勝、横浜高対日大藤沢高戦はリニューアル後の大宮公園球場を舞台にした名勝負と言っていいだろう。

松坂大輔（メッツ）と館山昌平（ヤクルト）ががっぷり四つに組んで互いに譲らず延長13回までもつれ込んだ試合で、横浜高が1対0で辛勝している。オーバースローで投げていた館山が1失点完投したのに対して、松坂も150球投げ、被安打2、奪三振19という凄まじい内容で日大藤沢を完封、選抜大会に続いて優勝している。

これほど歴史豊かな球場にもかかわらず、その事跡に触れたモニュメントが長く不在だった。しかし、05年、球場近くの児童公園出入口近くに「歴史解説NO・4　大宮公園球場を沸かせたヒーローたち」という見出しのついた史跡説明板が設置され、そこにはここまで書いてきたようなことが簡略に書かれ、ベーブ・ルースが大宮公園球場でバットを構えている写真が添えられている。

08年に地域密着志向を強めた西武ライオンズが球団名を「埼玉西武ライオンズ」に改めた結果、主催ゲームが西武ドームだけでなく、この大宮公園球場でも開催されるようになった。

ナイターで行われる西武戦は、昼間に行われる高校野球や社会人野球とは異なった空気の中で行われる。一塁側の球場外周には食べ物などを供する出店が軒を並べ、その前を歩く人の群れが、ナイター照明の残光やエンジン式発電機から発せられる照明を受けて薄く映し出される光景は、遠い昔の夏祭りを思い出させる。

私は試合が終わると最寄りの東武野田線大宮公園駅ではなく、氷川神社の参道を人の群れにつき従って帰るのを常としている。やはり薄暗い照明の中を大勢の野球ファンと歩いているとき思うのは昔懐かしい昭和30年代のこと。昭和、昭和と騒ぐなら、この大宮公園球場でナイターを見て、氷川神社参道経由で大宮駅まで歩かれることをお勧めする。昭和の懐かしい風景と匂いに出会うはずである。

10 満潮になるとカニが這いずり回った洲崎球場

野球嫌いの荷風が通った遊郭のそばでプレーボール

洲崎球場は現在のプロ野球のスタート年と同様、1936(昭和11)年から始まっている。厳密に言うと、プロ野球の公式戦は同年7月1日の東京大会から、洲崎球場の開業は同年11月29日の第二次東京大会から始まっている。

当時は、現在のようなリーグ戦で優勝チームが決まっていない。4回の総当たりリーグ戦と2回のトーナメント戦が行われ、1位チームに勝ち点1が与えられ、その総得点で優勝チームを決めていた。そして、巨人とタイガースが勝ち点2・5で並んだため、初年度の王座決定戦が12月9日から3日間、洲崎球場で行われた。

初戦は5対3で巨人が、第2戦は5対3でタイガースが勝ち、1勝1敗で迎えた第3戦、巨人が4対2でリードする8回表に最大の見せ場が訪れる。

巨人のエース・沢村栄治に対して、1死一塁の場面で打席に入るのは第1戦で沢村から3ランホームランを放っている景浦将。このピンチで沢村は、ホームランを打たれた同じコースに再びドロップを投げ込んで景浦から三振を奪い窮地を脱する。９回も得点圏に走者を置くが沢村は落ち着いて後続の代打２人を連続三振に斬って取り、巨人の頭上にプロ野球初年度の王座をもたらす。

これこそが、巨人と阪神の間で繰り広げられる〝伝統の一戦〟の源流だが、同じ洲崎球場で行われた翌37年6月27日の優勝を懸けた巨人対阪神も歴史に残る好ゲームと言われ、スポーツライターの大和球士は「名勝負四佳撰」と高く評価しているほどだ。それほどの名勝負の舞台になっていながら、洲崎球場の評判は芳しくない。

「若林が足をすべらして決勝点を許し、前試合では投《ピッチャー》匍《ゴロ》を拾った投手野口が走者の背中へボールをぶつけたり、大東京対名古屋の試合に、捕前ゴロが二つも記録されたのは、すべて球場が軟弱すぎるからであった。

前日の降雨で地面が軟弱になっていたこともあったが、そればかりでなく海岸ぞいの埋立地であったから地質そのものが軟弱であった。このコンディションにわざわいされてセネタースもタイガースも試合を失った。今後も土質軟弱で土地の低いこの球場には幾つかの珍談が生れそうである」

（『プロ野球三国志　第三巻』より　大和球士著、ベースボール・マガジン社）

■試合を観戦した宮様がおんぶをされて退場

戦前、戦後に活躍したスポーツライター、大和球士が紹介する洲崎球場でのワンシーンである。「満潮になると冠水し、スタンドにはカニが這いずり回っていた」と書かれる逸話はあまりにも有名で、大和球士は『プロ野球三国志』の登場人物に「洲崎球場で試合をする時は、軟かい土質を利用しなければ嘘だな」という台詞を吐かせているほどだ。

『東京読売巨人軍五十年史』には、38（昭和13）年3月16日付読売新聞の記事が紹介されていて、その見出しは「海水浸入で試合中止、洲崎球場の珍事件」とある。巨人対金鯱オープン戦の第2試合中、グラウンドに海水が入り5回コールドゲームになるのだが、これは球場横の掘割の土手が崩れ、満潮とともに海水がベンチ付近から浸水しはじめ、内野一帯にまで及んだため。「いかにも低湿地につくられた洲崎球場らしいハプニングだった」と記事は結んでいる。

この〝満潮になると冠水し〟という話は本当なのか、同地に住む元江東区議会議員で、29（昭和4）年生まれの赤海巌さんに聞いてみた。

「潮の満ち引きなんかちゃんと調べて試合時間を決めていたと思うんだけど、試合が長引いたりすると水が上がってきてね。水位はくるぶし辺りまできましたよ。マウンドだけ島みたいになってね。永代通りの直前まで上がってきたし、蟹も歩いてましたよ（笑い）」

赤海さんの通う小学校では洲崎球場を使って運動会をしていた。グラウンドの状態はどうでした、と聞くと、一度塩に浸かっているので固くて走りやすかったという。若い選手などは、スライディングをして足をすりむくと、土を塗って消毒していたともいう。こういう話を聞いたのは、〝打撃の神様〟川上哲治（元巨人）の「洲崎球場のグラウンドは固くて守りやすい」という談話が伝わっているからだ。

「後年になって川上哲治君に聞いたところでは、海水は塩分を含んでいる。そのため潮が引いたあとはグラウンドが締まって、とても守り易い球場だったという。海水の満潮にも多少の利点はあったわけである」

（『鈴木龍二回顧録』より　鈴木龍二著、ベースボール・マガジン社）

赤海さんは皇族が野球観戦に訪れたとき、潮が急に上がってきたことも記憶している。

「白い服を着てね。当時としては皇族が野球観戦に訪れるというだけで大変な騒ぎです。そのとき水が上がってきたんです。お付きの人におんぶされて退場していく姿を今でもはっきり覚えています」

その皇族が誰か赤海さんは覚えていないというが、『鈴木龍二回顧録』はこれにも触れている。東京六大学野球のファンとしても知られていた賀陽宮《かやのみや》妃殿下、敏子がその人である。観戦中に潮が上がってきてスタンドから降りられなくなった妃殿下を清水達司という人が背負って降りたというのだ。

「戦後、後楽園の整理員の元締をやるようになった清水達司君が妃殿下を背負って、水がつかっていないところまでお連れした。先年故人となったが、当時まだ若かった清水君はこちこちに固くなって恐懼《きょうく》していた。皇族といえば雲の上の人として、言葉をかわすのもはばかられる、といった時代なのだから、洲崎球場の思わぬ珍事として印象に残っている」

『鈴木龍二回顧録』や赤海さんの話は洲崎球場の当時の姿をかなり再現してくれた。とくに赤海さんの話は、サーベルを下げた軍人が臨検で見回り、洲崎球場に行くときは親から「ゴム長靴を履いていけ」と言われたことなど、それだけで洲崎の空気がぷんぷんと匂ってきそうなものばかりだった。

■大東京軍が展開した観客動員作戦

竣工当時の洲崎球場を本拠地にしていたのは大東京軍である。翌37年秋以降、ライオン、朝日、パシフィック、太陽ロビンス、大陽ロビンス、松竹ロビンスと頻繁にチーム名を変え、53（昭和28）年に大洋ホエールズと合併して大洋松竹ロビンスになった。

初っ端の大東京の親会社は、評論家の徳富蘇峰が創刊した『国民新聞』（現東京新聞）で、代表職に就いたのは社会部長をしていたこともある鈴木龍二。のちに〝カミソリ龍二〟の異名を取り、終戦後には日本野球連盟会長としてプロ野球の復興に尽力した。52年から32年間セ・リーグ会長を務め、78年の江川事件（空白の一日）を裁いたことでもよく知られる。

河野安通志が日本運動協会を旗揚げしたさいに芝浦球場を作ったように、鈴木も自前の球場にこだわった。洲崎に東京ガスの材料置き場になっている広大な土地があり、アマチュアの東京ガスチームと対戦することを条件にただで借り受けることに成功。ちなみに、東京ガスとの試合は3対20で大敗し、怒った鈴木が監督に就任したばかりの永井武雄をクビにするという後日譚がある。

この鈴木が回顧録で洲崎の情緒やファン気質をよく描いている。

「当時の洲崎は東京の下町の中でも、最も江戸情緒の残っているところだった。泉鏡花の作品に『辰巳巷談』というのがあるが、深川には不動さんがあって、門前仲町があり、木場がある。また洲崎の隣りには遊郭がある。大東京は不動さんの脇に合宿を借りていて、試合が終わると、ユニフォームのまま、洲崎から市電に乗って、不動さんの前で降りて合宿へ帰る。風呂は街の銭湯へ行って、一般の人と一緒に入る。江戸ッ子気質の木場や仲町の連中には非常にファンができた。食べ物や何かを合宿に差し入れしてくれる。大東京というチームは弱かったけれども、生きのいい下町気質で応援してくれた」

大和球士著『プロ野球三国志』にも、洲崎の様子は描かれている。曰く「ボロ合宿でカレーライス専門に食べさせられていた選手一同は腹の虫がクウクウうなるにまかせて御馳走を頂戴し、大いに呑んだ。後援会には土地の芸妓も何人か加わっていたからマメにサービスして、踊りまで余興に見せてくれた」。強いから応援する、球場に行く、という現在のファン心理とは異なるファン感情がこの当時はまだ存在していたようである。

洲崎球場には日本橋からバスに乗って行くのが便利で、大東京はこの頃、乗車券付き入場券というのを発売している。のちに阪神や阪急が試み、89年に南海を買収したダイエーもJR往復乗車券と観戦チケットがセットになった「福岡カンゲキきっぷ」を発売しているが、それより50年以上も前に同様の発想で観客動員を図っていることに驚くほかない。ちなみに、乗車券付き入場券は市内のデパートで発売され、A席50銭、B席40銭という値段設定だった。

■野球嫌いの荷風が愛した洲崎遊郭

そよろ潮風うそ寒く
襟首吹いて、千鳥啼く
師走五日のくもり空
こゝは洲崎の野球場

『東京読売巨人軍五十年史』の中で紹介されている、西条八十作「洲崎野球場風景」の一節である。同書には「満鉄の特急あじあ号を作った汽車工場が近く、球場前には見世物のお化け屋敷などがときどき作られた」とあるが、この汽車工場とは「平岡工場東京製作所」のことで、創業者の1人は新橋アスレチック倶楽部のところでも紹介した平岡凞《ひろし》である。

平岡の一代記とも言える『ベースボールと陸蒸気』には、汽車会社の社史を調べるために昭和15、6年に上京した長谷川勘一郎という人が寿司屋に入って平岡工場のことを聞くと、「ああ、平岡ですか。汽車会社はこの前にありました。平岡で通っておりましたよ。平岡の人たちは気前がようござんしたな」と言われ、感激して涙が出そうになったと書いている。〝道楽大尽〟の異名を持つ平岡の面目躍如と言っていいエピソードである。

少し野球から離れて洲崎球場を見てみよう。登場するのは野球とまったく縁のない、文豪永井荷風である。

2009年は永井荷風没後50年ということもあり、ちょっとした荷風ブームが沸き起こった。その荷風の代表作『濹東綺譚』（岩波文庫）を読んで目を引いたのが、早慶戦が終わったあとのありさまを書いた次のような文章である。

「昭和二年初めて三田の書生及三田出身の紳士が野球見物の帰り群《ぐん》をなし隊をつくって銀座通を襲った事を看過するわけには行かない。彼等は酔《えい》に乗じて夜店の商品を踏み壊し、カフェーに乱入して店内の器具のみならず家屋にも多大の損害を与え、制御の任に当る警吏と相争うに至った。そして毎年二度ずつ、この暴行は繰返されて今日に及んでいる。わたくしは世の父兄にしていまだ一人《いちにん》の深く之を憤りその子弟をして退学せしめたもののあるを事を聞かない。世は挙《こぞ》って書生の暴行を以て是《ぜ》となすものらしい。かつてわたくしも明治大正の交《こう》、乏《ぼう》を承《う》けて三田に教鞭を把《と》った事もあったが、早く辞して去ったのは幸であった」

荷風の野球嫌い、スポーツ嫌いは相当なもので、スポーツの流行は他人より自分のほうがすぐれているということを人に思わせ、自分でもそう信じたい心持ちのためであると断じ、「明治時代に成長したわたくしにはこの心持ちがない。これが大正時代に成長した現代人と、われわれとの違うところですよ」と小説中で登場人物に語らせているほどだ。

この荷風が慶大の教授だった頃の教え子が佐藤春夫である。佐藤が書いた『小説永井荷風伝』(岩波文庫)には、前にも紹介したように荷風がなじみの芸者と新橋にあるカフェー・プランタンに入ったとき、作家押川春浪が荷風を待ち構え、襲いかかってきたときの様子を詳しく書いている。

「かねて二人の壮漢を従えてそこに待ち構えていたらしい押川春浪が、好敵御参なれとばかり、教育者にもあるまじきこの遊蕩漢を懲戒して、これに心酔する馬鹿学生どもの迷夢を覚醒してくれようと、壮漢をそそのかして荷風に襲い迫ったのを、荷風は身を以て八重次をかばい逃れしめる」

これを読めば、永井荷風が中学校の教科書に載るような清廉潔白な作家でないことがわかる。また、押川春浪は日本最初の職業野球チーム「日本運動協会」(のちの宝塚協会)の創立に参加するなどの功績で野球殿堂入りしている押川清の実兄で、春浪自身、「野球害毒論」を唱える新渡戸稲造らと激しく論争している。つまり、野球の側に立つ人間である。つくづく荷風は野球に縁がない。

こういう話を長々と書いたのは、この洲崎が野球と異なる部分でも歴史に名をとどめているからだ。洲崎パラダイスの名で親しまれた洲崎遊郭が現在の東陽町1丁目にあり、永井荷風はここに親しく通った。

■洲崎ゆえにさまざまな伝説を生んだ球場

吉原、玉ノ井の遊郭に遊び、『すみだ川』『日和下駄』『濹東綺譚』などの代表作を著した永井荷風は洲崎遊郭でも遊び、『夢の女』『冷笑』などの作品を書いている。竣工されてから2年後の38(昭和13)年に3試合しか組まれていない短命な球場が、この洲崎遊郭と四ツ目通りを挟んで10分ほどのところにあったことでさまざまな逸話を生んだ。

作家山口瞳は、『大下弘「青バット日記」』(『「文藝春秋」にみるスポーツ昭和史　第一巻』所収　文藝春秋)の中で、黒尾重明(元セネタースなど)の言葉として、次のような逸話を紹介している。

「洲崎でゲームがあってね、午前十時ごろかな、洲崎球場へ行くために町の中を歩いていると、おういっていう声がするんだね。ふりむくと、大下さんなんだよ。大下さんが二階から手を振っているんだ。それがねえ、きみ、遊郭なんだよ。女郎屋の二階なんだ。声をかけたりしなければ、わからないのにねえ」

大下と黒尾がセネタースに入団したのは戦後の46（昭和21）年で、その時期洲崎球場はすでに消滅し、その跡地は材木置き場になっていたので山口か黒尾の勘違いなのだが、そういうことを誰もおかしいとは思わず、大下ならやりそうだと伝説化していく。大下の徳であるとともに、洲崎球場辺りではかつてそういうことが普通にあったのだろうと妙に納得してしまうのがおかしい。

いかにも楽しげな洲崎周辺だが、球場開設当時の洲崎は物寂しかったらしく、作家・虫明亜呂無は『名選手の系譜』（『日本の名随筆　野球』所収　作品社）の中で、次のように洲崎周辺の様子を描いている。

「戦前の野球場はどうして、あのように暗く、かなしい雰囲気にとざされていたのだろう。／洲崎はいたずらに寒く、観客は唇をまっさおにして、胴ぶるいをつづけた。落日を背景に、暮れなずむ晩秋の空にうかぶ工場の煙突や、たゆとう煤煙が常になにかの終末を暗示した」

また作家・野口冨士男は『わが荷風』（講談社文芸文庫）の中で、「あの時分（昭和10年前後）は洲崎のどん底時代であったのかもしれない」と前置きしたうえで、洲崎の様子をこんなふうに書いている。

「とてつもなく宏壮な妓楼は山間の寺院のようにしいんとしずまりかえっていて、薄暗い電燈の光をにぶく吸っている籐のうすべりを敷いた一間幅の廊下を遣手《やりて》婆さんにどこまで案内されていっても、人間の気配はまったく感じられなかった。そして、敵娼《あいかた》が来るまで床に入って天井をみあげていると、遠浅の海に寄せては返しているらしいかすかな波音が低くきこえてきて、わずかに泥臭のまじった潮の香がした」

この地に3年の寿命で姿を消した洲崎球場があった。

■短命球場の歴史を刻む記念碑

地下鉄東西線・東陽町駅を降り、永代通りを木場方面に向かい1つ裏の道に入ると、そこは旧洲崎川の暗渠の上に作られた洲崎川緑道公園で、この公園が中断したところに「洲崎橋跡地」の小さい碑がある。洲崎橋は四方を洲崎川、大横川に囲まれた遊郭唯一の出入口で、ここには映画『洲崎パラダイス赤信号』（川島雄三監督）でもおなじみの「洲崎パラダイス」のネオンサインが架かり、かつては橋を渡る男たちの姿を煌々と照らしていた。

洲崎球場跡

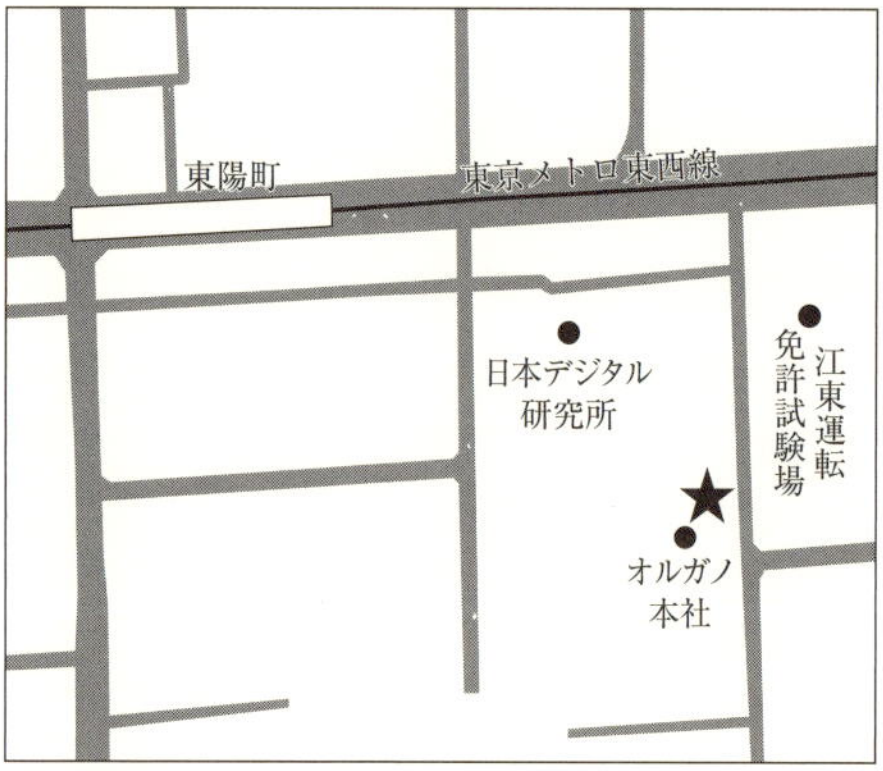

★洲崎球場

　この大門から現在の南開橋まで貫く広い4車線道路がかつての大門通りで、この道を中心に東西南北に幾本もの辻が巡らされ、戦前はこの洲崎弁天町全体が遊郭で構成されていた。大正末期は吉原に迫る数の遊郭があったと言われるが、29（昭和4）年生まれの俳優・小沢昭一は雑誌『東京人』266号（都市出版）の中で、「洲崎はなんと言うかな、昔風なんですね。それはいいんだけど、オネエサンもみんな高齢化していて、小沢昭一青年には、もう一つピンとこなかった」と言っているので、虫明亜呂無、野口冨士男が受けた印象と一致する。昭和22〜24年頃のことである。

　永代通りを木場とは逆の南砂町方向をめざし四ツ目通りを渡り、東陽町駅を越えてしばらく歩くと歩道橋がある。そこを越え「試験場入口」の矢印に従って右に曲がると、レンガ造りの瀟洒なビル・日本デジタル研究所、さらにその先に株式会社オルガノがあり、社屋前の道路沿いには『洲崎球場跡　「伝統の一戦（巨人・阪神）」誕生の地』と記された記念碑が建っている。

「洲崎球場（別称・洲崎大東京球場）は、日本プロ野球草創期の野球場で、昭和11年（1936）2月に日本で6番目に結成されたプロ野球チーム『大東京軍』の本拠地でした。（中略）東京にはプロが使用できる野球場はなく、在京球団の本拠地建設が急がれました。

そのため、洲崎球場はわずか3ヵ月ほどで完成し、秋のシーズンの最後を飾る『東京第二次リーグ戦』が開催されました。シーズン終了後には巨人とタイガース（現在の阪神）による初のプロ野球日本一決定戦（3連戦）が開催され、沢村栄治投手擁する巨人が初代王座を獲得しました。この試合は、日本プロ野球史上屈指の好ゲームといわれ、洲崎球場が最も輝いた時でした。（中略）日本プロ野球の歴史を刻んだ洲崎球場は、昭和13年の3試合を最後に閉鎖されました。わずか3年間とはいえ、日本プロ野球界繁栄の礎《いしずえ》を築いた貴重な野球場跡として記録に残すものです」（碑文より）

ちなみに、読売新聞はこの洲崎決戦の様子を雑観記事で面白おかしく紹介している。

「プロ野球の王座を争う巨人軍とタイガースの二回戦、十日は選手よりもスタンドの方が興奮してとうとう卒倒者が出た。／またも沢村登場！　場内アナウンスの拡声機の口が四畳半もあろうかと思われるほどの超大型でその声は洲崎遊郭の窓まで響くということだがそれが頭の上で沢村！　と我鳴り立てた途端、ノビてしまったのである」

（昭和11年12月11日付　読売新聞）

そんなアホな、とツッコミを入れたくなるが、洲崎遊郭の窓云々というところが愛嬌である。前日の同紙にも「温度二度という野ざらしのスタンドに、片肌脱ぎの浮かれ男まで飛び出す騒ぎであった」とあるので、過熱ぶりが想像できる。

永代通り側にバックネット裏があり、36（昭和11）年11月30日付『国民新聞』に紹介された写真を見ると、レフトスタンドの向こうに海らしき風景が映り込んでいる。右打者の景浦が沢村から打ったホームランはどの辺りに飛び込んだのか、しばし夢想するのも楽しい。

11　二階に高射砲が据えられた後楽園球場

戦争の影を今もとどめる野球のメッカ

芥川賞作家として有名な清岡卓行は、１試合３安打以上記録した選手に賞品を贈呈する「猛打賞」の発案者としても知られる。その野球人としての顔が濃厚に反映されたのが芥川賞受賞作品『アカシアの大連』の12年後に発表された『薔薇ぐるい』（新潮社）だ。

「あの試合はね、プロ野球の歴史の上でたいへん記念すべきものとなったんだけれど、どういう意味でそうなったか、わかりますか？」

順太郎は彼女の記憶にその試合があることを知り、いっそう機嫌がよくなった。

「それは無理です。あのころ、野球のことはほとんどわからなかったから、選手のユニフォームの胸に着けられた球団名の文字を面白いなあと思って眺めたり……、ああ、そうです、いまでも憶えてますわ、洋という文字を二重丸のようなもので囲んだものと……、名という文字を卍《まんじ》のような形にデザインしたものと」

幸代は遥かな日の思い出をたぐりよせるように、ゆっくりとした調子で言った。

「これは驚いた。すごい記憶力だなあ。お宅の涼子さんは、大学ですごい記憶力を見せるので感心していたのですが、これは遺伝ですね。ははは……」

康平は楽しそうに笑った。

「記憶力だなんて、そんなことはないんですよ。あのころ小学校でちょうどそんな漢字を習ってたころだし、その後ノートに真似して書いたりして、遊んでいたんだと思います。ああ、そうだ、二階席に高射砲が据えつけられていましたよね。それから、スコアボードには途中から0ばかり出るようになって、退屈して、帰りたくなって、試合が終らないうちに宮川さんと帰ったんでしたね。そんなことが、ぼうっとした思い出の中にいくつか残っているだけです。選手の個個のプレーはまったく憶えていません」

(『薔薇ぐるい』より　清岡卓行著、新潮社)

■猛打賞の生みの親、清岡卓行の戦争と野球

この作品は薔薇をテーマにした文学作品がサロン的な雰囲気の中で語られながら、妻に先立たれた大学教授が女子学生の涼子に魅かれていく様子が抒情豊かに描かれていく。そして、そんな文学的空間から不意に登場するのが野球である。

自作の薔薇の詩を墓碑に刻んだリルケの話をしていると、唐突に女子学生の1人から「先生は昔の中学校で、野球の選手だったんですか?」と聞かれる。そこから主人公の口を通して語られる野球の話は作家・清岡の肉声と言ってもよく、戦前・戦中や戦争直後のプロ野球を詩情豊かに表現している。

登場人物の幸代が思い出として語る「二階席に高射砲」や「名という文字を卍のような形にデザインしたもの」は、特攻で死んだ石丸進一の生涯を描いた『消えた春』(牛島秀彦著、河出文庫)の中でも描かれている。

「名古屋軍は、理事の赤嶺昌志の提唱で、国防色(カーキ色)のユニフォームを着用した。胸のマークの日本字『名』の一字は、『盟友・ナチス』の卐を真似たデザインであった。／東京・後楽園の二階には、高射砲その他がすえられ、見物人は二階観覧席から締めだされた」

高射砲がB29の空襲に備えて設置されたものであることは言わずもがなである。戦争中のプロ野球がどういう環境の中で行われていたのか、おおよそ想像がつく。

それでは、「0ばかり出る」試合とは何のことだろう。これは42(昭和17)年、後楽園球場で行われた名古屋対大洋戦のことを指す。延長28回の激戦の末、4対4で引き分けたこの試合、9回表に名古屋が2点取って以降、延長28回まで延々とゼロ行進が続いた。これは現在まで続く世界最長イニング記録である。

この世界記録を報じる新聞記事が、国技大相撲の15日間の星取表や横綱双葉山の優勝を報じる記事にくらべると非常に小さい。東京日日新聞（現毎日新聞）では、記事としては最下段の広告上にわずか1行、「大洋4―4名古屋（廿八回）」の結果が記されているだけである。敵性スポーツの肩身の狭さがここによく表れている。

■『プリズンの満月』に描かれた戦犯の野球観戦

戦後、セ・リーグは赤バット川上哲治（巨人）の弾丸ライナー、パ・リーグは青バット大下弘（東急など）のホームランが人気を博し、巨人に限れば53（昭和28）年に、初めて100万人の大台を超える104万5027人の観客を主催ゲームに集めている（阪神の同年入場者数は62万7644人）。

「もはや戦後ではない」と『経済白書』に書かれるのはそれより3年後の56年だが、急速に戦後処理が進んでいく50年代、戦争の記憶を強烈に呼び覚ます〝ある出来事〟が起こった。巣鴨プリズン（現サンシャイン60）に収容されている戦犯の野球観戦である。

52年11月26日、報知、日刊スポーツ、スポーツニッポン各紙が主催するファン感謝祭のメーンイベントとして在京セ・パ両リーグによる交流戦が催され、そこに戦犯629人が

戦犯の野球観戦（提供：毎日新聞社）

招待された。

「バスはつらなって進み、やがて後楽園球場につくと、すでに戦犯たちが球場にくることを知った各社の新聞記者とカメラマンたちが待っていた。記者たちは戦犯に感想を求め、カメラマンたちは内野席に入った戦犯たちの中のA級戦犯を中心にカメラのレンズをむけ、しきりにシャッターを押した。球場には、観戦を知った戦犯の家族たちや石井漠夫妻も来ていて、遠くから手をふっていた」

（『プリズンの満月』より　吉村昭著、新潮文庫）

記録文学の第一人者、吉村昭が描く、非常に珍しい野球のワンシーンである。

第1試合の大映対大洋戦は大映がヴィクトル・スタルヒン、大洋が浮田逸郎の先発で午前10時からスタートし、第2試合は国鉄対毎日戦、第3試合は巨人対東急戦が行われ、全試合が終了したのは午後4時すぎだった。終了と同時に、毎日の別当薫監督と土井垣武捕手が戦犯招待席に行って、毎日の選手のサイン入りブロマイド800枚を贈ったという。戦争に翻弄された後楽園球場から戦時の色彩が完全に払拭されたのは、この瞬間からだったのかもしれない。

■東京の球場不足解消のために建てられた後楽園球場

後楽園球場建設に早い時期から動いたのが日本最初のプロ野球球団、日本運動協会（芝浦協会）の創立者である早大ＯＢ、河野安通志と押川清である。日本運動協会が失敗に終わった最大の原因は、23（大正12）年に首都圏を襲った関東大震災によって本拠地・芝浦球場が使えなくなったことだ。今の野球環境からは想像できないが、この時期、プロ野球が使用できる東京の球場は芝浦球場（21年秋完成）以外では早大の戸塚球場くらいしかなかった。

神宮球場は5年後の26年に完成しているがアマチュア専用の制限があったので、もし日本運動協会が存続していても使用できる環境にはなかった（日本運動協会はその後阪急電鉄に引き取られ宝塚協会と名を改めている）。河野と押川が、立地のいい場所にしっかりとした新球場を作ることこそプロ野球発展のために欠かせない、と考えたのは至極当然なのである。

小石川砲兵工廠約1万坪の跡地払い下げに成功し、後楽園球場が開場したのは37（昭和12）年9月。しかし、東京におけるリーグ戦のスタートは36年7月だから、開幕から1年は間に合わなかったことになる。

その間の球場不足を補おうと急ピッチの工事で完成したのが洲崎球場（36年10月完成）と上井草球場（36年8月完成）で、東京の開幕にはやはり間に合っていない。36年7月1日、プロ野球初の公式戦「連盟結成記念全日本野球選手権大会」が戸塚球場で開かれているのはそういう理由からである。なお、この大会は早慶戦に匹敵する人気があったらしく、大和球士は『プロ野球三国志　第三巻』の中で、戸塚の住人がこの人波を見て「今頃、早

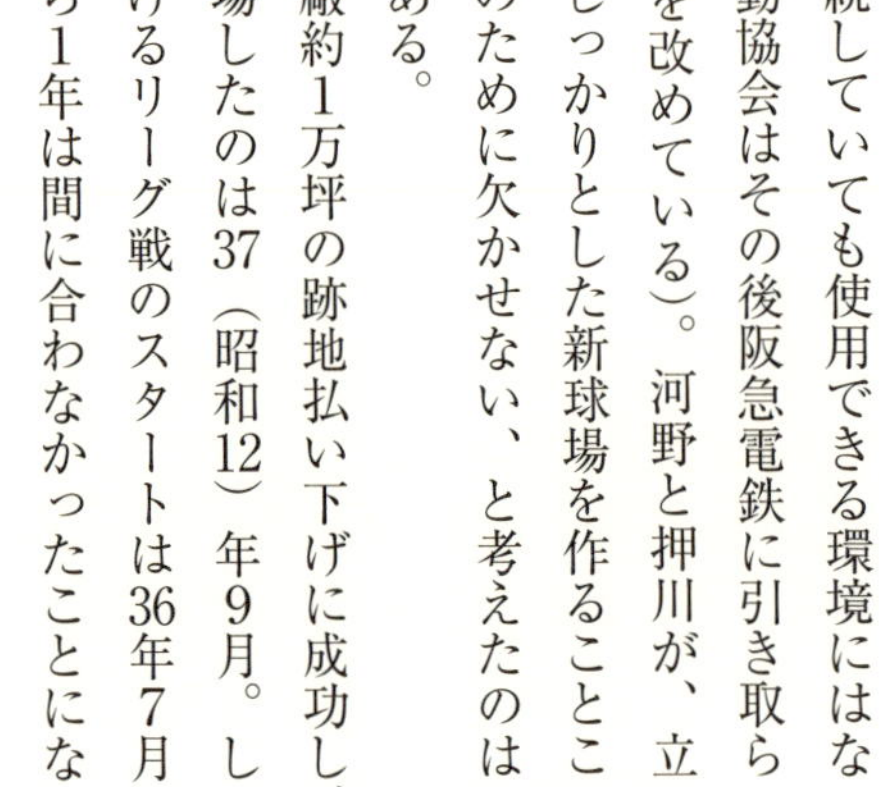

★後楽園球場

慶戦があるんですか」と驚いている描写がある。

後楽園球場が建つことになる砲兵工廠跡地の立地条件にも触れよう。「省線および市電よりは徒歩わずかに1、2分にて達する好位置にある」と『後楽園スタヂアム50年史』は紹介している。さらに、「旧国電（現JR東日本）の水道橋駅で降りる乗客も、神田の方へ向かう人たちばかりで、砲兵工廠跡の方へ向かう人はまばらだった。駅付近には粗末な飲食店があるくらいで、とても今日の繁栄は考えられなかった」と続く。現在後楽園がある小石川方向はそれほど大きな街ではなかったということだろう。

ビジネス街、学生街として発展する現在の水道橋界隈を見ると、まさに隔世の感がする時代の移り変わりである。

■野球界の恩人、河野安通志が果たし得なかった夢

後楽園球場の竣工に尽力した河野安通志を主人公にしたノンフィクション・ノベルが『幻の東京カッブス』（小川勝著、毎日新聞社）だ。一般に〝プロ野球の父〟と言えば現在のプロ野球を創設した初代巨人軍オーナー・正力松太郎を指すが、同書の著者・小川は日本のプロ野球の原点を大正9年に河野が設立した日本運動協会であるとして、暗に河野こそが〝プロ野球の父〟であると示唆する。

河野の野球人生は苦難の連続だった。わが国初のプロ野球チーム、日本運動協会は単体のプロ野球チームだったため対戦相手が少ないという宿命的な弱点を設立当初から抱えていた。それでも2番目のプロ野球チーム、天勝野球団や大学出のスター選手を数多く抱えた大毎（大阪毎日）野球団、さらに河野の母校・早大などとの対戦を経て徐々に強さを増し、23（大正12）年8月30日には天勝野球団と3度めの対戦をして5対1で圧勝した。

将来への道は大きく開かれたと思われたこの年の9月1日、関東地方を強い地震が襲い（関東大震災）、本拠地・芝浦球場が内務省に接収されたうえ、救援物資配給の基地にされ、使えなくなってしまった。

借地権が日本運動協会側にあることなど無視され、地震から4カ月めにはグラウンド内に倉庫まで建設され、その間、国からの金銭的な補償は1銭もなかった。権利が保護されている現在とはまったく異なる状況の中で河野たちは苦悶し、24年1月23日、日本運動協会の解散を発表。その後、阪急電鉄に引き取られ宝塚協会と名を改め、29年に解散している経緯は前に紹介した。

失意の河野が再びプロ野球の舞台に登場するのは34（昭和9）年、正力松太郎の提唱によって大日本東京野球倶楽部（巨人軍）が創立された頃だ。2年後の36年には日本職業野球連盟創立総会が設立され、東京巨人、東京セネタース、大東京、名古屋、名古屋金鯱、大阪タイガース、阪急の7球団によるリーグ戦がスタートした。

日本運動協会を運営していたこともあり、自前で球場を持つ必要性を河野は誰よりも熟知していた。後楽園球場を作った経緯は前で紹介したが、球場を作るほどの大金が河野にはない。土地の払い下げ、球場の建設に要するには約200万円必要で、河野と押川は有力な出資者を募らなければならなかった。

最も多額な出資を行ったのが正力松太郎だったため、後楽園球場の第一使用優先権を巨人が獲得し、河野は同球場の子会社として設立されたイーグルス（37年からリーグ戦に参加）の専務取締役に就任し、その後イーグルスは黒鷲、大和と名を変え、43（昭和18）年のチーム解散まで活動している。

『幻の東京カッブス』が主に描いているのはそれからの河野の野球人生だ。終戦後まもなく、プロ野球が復興をめざしている頃、河野は日本野球連盟会長として尽力する鈴木龍二（のちのセ・リーグ会長）を訪ね、「東京カッブス」というチームの加盟申請書を提出する。日本運動協会、宝塚協会、イーグルス（黒鷲、大和）で果たし得なかった職業野球の理想を、東京カッブスというチームで実現させようという意気込みであったことは想像に難くない。しかし、その夢は実現できなかった。

巨人軍球団代表の市岡忠男が、河野のプロ野球界復帰を執拗に阻止しにかかったのだ。

河野と市岡はともに早大野球部出身で、年齢は河野が市岡より7歳上。大学野球部の上下関係の厳密さを考えれば市岡の反発は考えられないが、『幻の東京カップス』は2人の確執を丁寧に描いている。

東京カップスの加盟申請が却下されてから1カ月後の46年1月12日、プロ野球の恩人・河野安通志は脳溢血でこの世を去った。同書は娘・優子の「霊魂は不滅か?」という問いに対する河野の言葉を最後に紹介している。

「後の世の人が思い出してくれれば、それが不滅ということさ」

■戦没者を慰霊する2つの石碑

後楽園球場は読売巨人軍の本拠地球場として過去を生き、東京ドームと名を変えた現在、そして未来を巨人軍とともに生きていくのだろう。長嶋茂雄の天覧試合でのサヨナラホームラン(59年6月25日)、引退セレモニーのときの「巨人軍は永久に不滅です」の挨拶(74年10月14日)、王貞治のベーブ・ルースを越える715号ホームラン(76年10月11日)、ハンク・アーロンを越える756号ホームラン(77年9月3日)はすべて後楽園球場で記録されたもので、巨人とともに歩んできた歴史が垣間見える。

後楽園球場の閉場は87(昭和62)年、隣接していた後楽園プールの跡地に建つのが現在

鎮魂の碑と副碑

の巨人の本拠地・東京ドームで、開場は翌88年である。そうした巨人軍の歴史以外でも、後楽園には野球界にかかわる人間が忘れてはならないモニュメントがある。

スパ（温泉）施設などが入る商業施設ラクーアと道路を挟んで対峙する位置に、2つの石碑があるのをご存じだろうか。太平洋戦争で戦死したプロ野球選手の名を刻んだ鎮魂の碑と、特攻で死んだ石丸進一（名古屋）の追憶が刻まれた副碑である。後楽園球場時代の81年に建てられ、東京ドームの完成にともなって現在の場所に移設された。

石碑に刻まれた言葉を紹介しよう。

「第二次世界大戦に出陣し、プロ野球の未来に永遠の夢を託しつゝ、戦塵に散華した選手諸君の霊を慰めるためわれら有志あいはかりてこれを建つ　有志代表　鈴木龍二」

鎮魂の碑には戦死した69人の名前も刻まれている。石丸進一、小川年安、景浦将、鬼頭数雄、沢村栄治、田部武雄、中河美芳、西村幸生、吉原正喜……。

東京ドームに来ることがあったらぜひ、2つの石碑があるところに立ち寄ってほしい。清岡卓行が『薔薇ぐるい』の主人公に「戦争中のプロ野球は私にとって詩だったんですね」と言わせる心情が少しは理解できるかもしれない。

■石丸進一を慰霊する鎮魂碑

全26巻に及ぶ歴史小説『徳川家康』（講談社・山岡荘八歴史文庫）の著者、山岡荘八は今で言う従軍記者（当時海軍報道班員）として海軍航空部隊の攻撃基地、鹿児島県の鹿屋《かのや》を訪ねている。

「『神雷部隊』は桜花兵器という当時としては最新兵器の三トン半のロケット爆弾を、敵地まで一式陸攻の腹につけて運んでゆき、敵の頭上でこれを離すと、あとは人間が操縦していって敵艦に体当りするというものだった。しかし、その桜花部隊の他に、海軍自慢のゼロ式戦闘機に、五百キロ爆弾を搭載《とうさい》していって、そのままぶつかる特攻部隊も、一応この神雷部隊の野里村にやって来て、そこから続々出撃するのだと聞かされている。その多くは学鷲《がくわし》で、彼等がいよいよ日本の運命を荷わされているのだと……。（後略）」

（『最後の従軍』より　山岡荘八著、昭和37年8月7日付朝日新聞）

この学鷲の中に元名古屋の投手、石丸進一がいた。山岡は翌8月8日付の朝日新聞に特攻で出発する寸前の石丸の姿を詳細に描いている。

「石丸進一少尉は兄と共に職業野球の名古屋軍にはいっていたことがあるとかで、本田耕一少尉と共によくキャッチ・ボールをしていたが、いよいよ出撃の命が下り、司令の訓示が済むと同時に、二人で校庭へ飛び出して最後の投球をはじめた。『ストライク！』今もハッキリとその声は私の耳に残っている。彼等は十本ストライクを通すと、ミットとグローブを勢いよく投げ出し、『これで思い残すことはない。報道班員さようならッ』大きく手を振りながら戦友のあとを追った」

1945（昭和20）年5月11日、石丸はここ鹿屋基地から種子島東方のアメリカ機動部隊めざして飛び出し、そのまま消息を絶った。

石丸進一がどんな選手だったのか、プロ野球ファンでも知らない人が多いと思う。実働期間はわずか3年。しかし、その3年間は石丸の実力を知らしめるには十分な時間だった。大和球士は『プロ野球三国志』の中で、石丸が入団当時はショートを守り、身長は170センチと大きくはないが、腰回りの大きさと胸板の厚さに特徴があり、戦前では南海の二塁手・国久松一に劣らない強肩であったらしい、と書いている。ちなみに、国久もビルマで戦死している。

投手に転向したのは42（昭和17）年で、この年早くも17勝を挙げ、7位に低迷した名古屋の中にあって孤軍奮闘している。翌43年は20勝12敗、防御率1・15の成績を挙げ、10月12日に後楽園球場で行われた大和戦では史上13人（18回）目となるノーヒットノーランも達成している。大和球士はこのときのピッチングを次のように書いている。

「インシュートと大きいカーブが自在に思うコースをついて四球たった一個。柔道二段の強靭な足腰は疲れを知らず、最初から最後まで変わらぬスピードであった」

鹿屋から飛び立つ23日前の昭和20年4月18日、石丸は名古屋軍のチームメートがいる理研工業を訪ねている。その折の姿を描いているのは、当時理研工業に勤務するかたわら、プロ野球の審判員を続けていた島秀之助だ。

石丸は「どうも、近く出動する気配がする。きょうは心ゆくまでピッチングをするつもりでやってきました」と言うと、名古屋軍の捕手をしていた藤野義登を相手に理研工業の本社内の庭でピッチングを始め、投げ終わると「このボールを記念にください」と言って、挙手の礼をして帰っていったという（『白球とともに生きて』より）。

島は同書の中で、「特攻隊員として体当たりしていく運命を知りながら白球の感触を今生の名残りをこめて味わっているのかと思い、胸のつまる思いだった」と綴っている。

２０１０（平成22）年２月５日、取材のため訪れていた宮崎キャンプの合間を縫って、進一が特攻出撃で飛び立った鹿屋海軍特攻基地（現在の海上自衛隊鹿屋航空基地）まで足を運んだ。宮崎発の特急「きりしま」に乗って鹿児島中央駅まで行き、ここからバスに乗って鴨池港、さらにフェリーボートに乗って垂水港、再びバスに乗って航空隊前まで行くと、鹿屋運動公園と道路を挟んで向かい合うような位置に海上自衛隊鹿屋航空基地がある。

この敷地内に明治以降の飛行機の歴史を展示する史料館があり、２階には神風特攻隊の展示フロアが常設され、特攻隊として出撃した全員の名前が写真とともに掲示されている。

「神風特別攻撃隊第５筑波隊戦闘第３０６飛行隊海軍少尉　予備学生14　佐賀県」

石丸進一の身分というか略歴が、そのような言葉で紹介されている。そして、その横には、最後のキャッチボールの相手となった法政大学野球部出身の本田耕一が並んでいる。

この史料館の南側にある滑走路から2人は出撃した。

史料館には出撃する前に終戦を迎えた人たちの〝遺言〟も展示されている。その中の1つが俳優・西村晃（当時海軍少尉）の妻に宛てた遺言である。野球とは直接関係ないが、戦時中の過酷な環境と、それに対峙しようとする精神の気高さを見ることができるので紹介したい。

則子が嬉しい時、私は笑っている
則子が悲しむ時、私はなぐさめてやる
則子が困った時は、きっと私に相談するだろう
私は常に傍らで見つめている。そして則子の将来を決定付けるだろう。
自由に常に私の魂を持たして生活させる事を、お父様お母様にお願いする

昭和二十年五月二十六日
午前十時〜十一時記

これを特攻史料館で見たとき非常なショックを覚えた。あの過酷な時代に、これほど自由に妻を愛する気持ちを吐露できる精神、そういうものが健在でいられた個人の資質を思わずにいられなかった。

一般市民の手紙さえ検閲され、内容がチェックされた時代である。そういう時代にこれほど愛情を高らかに読み上げた文章が特攻隊員によって書かれ、それが破棄されずに保管されているのである。

西村晃はTBSドラマ『水戸黄門』で水戸光圀役を演じたことであまりに有名である。そして、この当たり役を降板した理由が92年、妻則子の死去によるものだと知ってさらに驚いた。西村が永眠する多摩霊園内の墓石には「西村晃　則子　坊やと坊や眠る」と自筆で刻まれている。

ちなみに、西村の戦友で第十五代裏千家家元・千宗室は最後の言葉として「平和祈念」と書いた。これでさえ解釈のしようによっては危険思想と受け取られかねない。西村の言葉の凄み、思い切りがよく理解できると思う。

話を石丸進一に戻そう。後楽園遊園地に隣接するラクーアに対峙する位置に、戦死したプロ野球選手を慰霊する鎮魂の碑があることは前で紹介したが、もう1つそれと並ぶ副碑があり、そこには次のような言葉が刻まれている。

「弟進一は名古屋軍の投手。昭和十八年20勝し、東西対抗にも選ばれた。召集《しょうしゅう》は十二月一日佐世保海兵団。十九年航空少尉。神風特別攻撃隊、鹿屋神雷隊に配属された。二十年五月十一日正午出撃命令を受けた進一は、白球とグラブを手に戦友と投球。『よし、ストライク10本』そこで、ボールとグラブと〝敢闘《かんとう》〟と書いた鉢巻《はちまき》を友の手に託して機上の人となった。愛機はそのまま、南に敵艦を求めて飛び去った。『野球がやれたことは幸福であった。忠と孝を貫いた一生であった。二十四歳で死んでも悔いはない。』ボールと共に届けられた遺書にはそうあった。真っ白いボールでキャッチボールをしている時、進一の胸の中には、生もなく死もなかった」

遺族代表　石丸藤吉

12 国鉄の本拠地として誕生した武蔵野グリーンパーク

短命に終わったほこりパーク

宮脇俊三編著の『鉄道廃線跡を歩く』（ＪＴＢパブリッシング）は鉄道好きにはたまらない1冊だ。信越本線旧碓氷第六橋梁（群馬県松井田町）はフランス積み煉瓦の橋梁が緑の中に埋もれるように屹立し、西武鉄道安比奈線（埼玉県川越市）の放置されたレールが武蔵野の樹林に埋もれる様は、これが首都圏の光景かと目を疑うほどである。それらと一緒に中央本線、通称武蔵野競技場線の線路跡も紹介されている。

「かつて東京駅の中央線ホームから武蔵野競技場前行という電車が出たことがある。野球のボールをデザインした行先表示板（サボ）が当時としては異色だった。この『武蔵野競技場』とは現在の東京都武蔵野市緑町にあった球場で、昭和26年（１９５１）に開設され、国鉄スワローズ（現ヤクルトの前身）などプロ野球の試合も行なわれた。通称『競技場線』は、この球場への観客輸送ルートとして、昭和26年4月14日に開業、当初から野球など競技開催日のみの運転となっていた。しかし折角の新球場も都心から遠く、実質1シーズンで終わり、それに伴って競技場線も休止状態が続いた後、わずか8年後の昭和34年（1959）11月1日に正式に廃止となった。ルートは中央線三鷹駅から北へ分岐する全線3・2㎞の単線（電化）で、途中駅はない」

（『鉄道廃線跡を歩く』より）

2リーグ並立後の50（昭和25）年に国鉄スワローズは誕生した。頭に「国鉄（現在のJR）」の冠がついているので「日本国有鉄道」本体が運営していると思われがちだが、経営主体となったのは「財団法人交通協力会」という外郭団体である。当時の交通協力会理事長・今泉秀夫は球団の収入について、次のような私案を提示している。

①選手は国鉄職員の身分を保持、その給料の中（1人月4000円）を国鉄から支給。
②選手に全線パスの支給。遠征経費が減少する。
③武蔵野グリーンパーク球場専用駅の収入の一部を球団の収入とする。

（『国鉄スワローズ1950―1964』より　堤哲著、交通新聞社新書）

実に細かな金銭のやりとりが提案されている。国鉄の直接経営でないといっても、国鉄のバックボーンがなければ選手への給料支払いさえままならない事情がこの私案からはうかがわれる。

同私案に紹介されている「武蔵野グリーンパーク」についても説明しなければならない。2リーグ制スタートの翌51年に開場した国鉄の本拠地球場のことで、広さは両翼91・5メートル、中堅128メートルと後楽園球場を上回る広さで、「東日本一の大球場」と騒がれた。収容人員は5万1000人で、これは当時の甲子園球場に迫る。

最初に行われた試合は国鉄の主催試合ではなく、同年4月14日に行われた東京六大学リーグの開幕戦、立大対慶大戦である。東京六大学リーグの本拠地は言わずと知れた神宮球場だが、翌52年までアメリカ軍の接収が続き、制限つきの開催を余儀なくされていた。

敵性スポーツの烙印を押された43（昭和18）年4月25日には連盟を解散せざるを得なかった東京六大学リーグが、終戦後には敵性スポーツの本丸とも言うべきアメリカによって聖地・神宮球場を取り上げられてしまった。武蔵野グリーンパークはそういう混乱した時代の中、産み落とされた。

■グリーンパークじゃない、ほこりパークだ

2010(平成22)年1月18日付毎日新聞多摩版に、「プロの卵200人指導　富士重工野球部　武蔵野で」という見出しがついた記事が掲載された。

「(富士重工業は)群馬県内でも社会貢献活動の一環として少年野球教室を開いてきたが、三鷹市内に富士重工業の前身『中島飛行機』の流れをくむ東京事業所を抱えることから、武蔵野市にも活動を広げており、今回で3回目」とある。

航空機の需要が高まった1938(昭和13)年に開設された軍需工廠《こうしょう》が中島飛行機で、ゼロ戦など戦闘機のエンジン部分が作られていた。終戦後の財閥解体によって12社に分断され、その中の富士工業、富士自動車など5社の出資によって誕生したのが富士重工業である。

この富士重工業の前身、中島飛行機の跡地に国鉄スワローズの本拠地、武蔵野グリーンパークを建てようというのである。富士重工業は戦後、社会人野球の強豪として都市対抗野球出場24回、日本選手権優勝2度の名門チームとして君臨し、さらに中島飛行機があった武蔵野市緑町の軟式野球場で野球教室を3回にわたって開催している。野球という糸で結ばれた奇縁と言っていい。

話を戦中に戻そう。中島飛行機・武蔵野製作所に材料や製品を電車で輸送するため「中

島飛行機専用線」が43年暮れに新設されている。この専用線は新球場にとって非常に都合がよかった。観客の輸送ルートという厄介な問題が、はじめからクリアされているのである。

新球場の経営母体は国鉄ではなく東京グリーンパークである。社長は東海大学の創設者、松前重義。アメリカ軍から払い下げられた三鷹駅北側に広がる広大な中島飛行機武蔵野製作所跡地を文化的に復興する目的で設立された会社で、当初、競輪場誘致が有力だったが、松前が「競輪は賭博の一種」と反対し、代案で野球場の建設が浮上した。

中央線の武蔵境駅から引込線を球場予定地まで引くに当たって、松前重義は土地提供の便宜を図ってもらおうと日参しながら、国鉄がプロ野球に参画するよう根回しも行っていた。球団が先で球場が後、というのが普通の感覚だが、国鉄スワローズの場合は球場が先で球団は後だった。

両翼91・5メートル、中堅128メートル、収容人数5万1000人の東日本一の大球場は1年足らずの突貫工事で完成した。もう少し詳しく説明しよう。武蔵野グリーンパーク造成の指揮を執った岡本勇氏の手記（『武蔵野から伝える戦争体験記録集』所収　武蔵野市非核都市宣言平和事業実行委員会）によると、今の武蔵野市役所の辺りに土手をつくるため、高いところでは5メートルほどの土を盛り、そこを一尺（30・3センチ）四方の板でぽんぽん叩きながら芝生を植えていくのである。ホースも満足にない時代で、3カ月間、芝を根づかせるために桶で水を汲んで外野に水をまき続けたという。

現在ここには武蔵野緑町パークタウンという団地が建っている。歩くとわかるのだが、歩道に「段差注意」の文字がある。段差は内野席からグラウンドまでの勾配と思われる。すり鉢状のへりに沿って円弧上の道路がめぐらされている独特の地形だけが、戦後ここに球場があったことをうかがわせる。

開園の日には花火を打ち上げるなど華々しくセレモニーを行い、すべてが順調に進んでいるように思われたが、1年ちょっとの突貫工事で完成した新球場である。メッキはすぐにはがれた。

★武蔵野グリーンパーク

「野球開始直前に、強い風が吹きはじめました。目をあけていられないくらいの強さでした。『こんなところで野球ができるのか』と選手が言い出しました。その日は無事に野球を終えることができたのですが、結局、野球の試合は年間十試合程度しか行われませんでした。当時の国鉄スワローズの金田選手が『グリーンパークじゃない、ほこりパークだ』と言ったことが新聞に載り、それで人気が無くなってしまいました」

正確に言うと、武蔵野グリーンパークで試合が行われたのはプロ野球が16試合、東京六大学リーグが19試合で、いずれも51年以降は行われていない。

■1年で幕を閉じた東日本一の大球場

武蔵野グリーンパークの寿命は、わずか1シーズンだった。岡本氏は金田の「ほこりパーク」発言が主な原因と語っているが、国鉄の不成績も無視できない。

プロ野球参画前、「2、3年後にはリーグの覇権を握ることを主目標として強力なチームを編成する」とぶち上げ、当時の国鉄総裁・加賀山之雄は『交通新聞』（交通協力会発行）に、国鉄50万人の従業員の気持ちを1つにまとめるためプロ野球参画を決め、「当初は一流選手の参加を求める」とまで言っている。しかし、1年目（50年）に入団した選手の多くは札幌鉄道局、東京鉄道局、新潟鉄道局、米子鉄道局、門司鉄道局など国鉄出身者だった。

50年までの歴代都市対抗ベスト4進出チームを見ると、門司鉄道局（27、29年ベスト4、36年優勝）、名古屋鉄道局（29、30年準優勝、32年ベスト4）が名をつらね、国鉄勢が社会人野球の中で上位の力を持っていたことがわかる。

鉄道管理局出身の新入団選手は投手が成田啓二、田原基稔、野手が井上親一郎、初岡栄治、土佐内吉治、岩瀬剛、岩橋利男、村上峻介、山口礼司、榎本茂の計10人。この中で実働5年以上の記録があるのは初岡だけで、2年以内で消えた選手が5人もいた。社会人野球の中では一定の強さを誇った鉄道管理局勢でも、プロとしての実力不足は明らかだった。

しかし、清貧を強く求められた国鉄が他球団のような有力選手の引き抜きをできるわけがなく、選手獲得のパイプは鉄道管理局出身者に頼らざるを得なかった。ちなみに、50年の創立メンバーの中でプロ野球を経験したことのある選手は中村栄ただ1人である。チーム成績は以下のとおり。

〈1950年セ・リーグ成績〉

1位　松竹　98勝35敗、勝率・737
2位　中日　89勝44敗、勝率・669
3位　巨人　82勝54敗、勝率・603
4位　大阪（現・阪神）　70勝67敗、勝率・511
5位　大洋（現・DeNA）　69勝68敗、勝率・504

6位　西日本　　　　　　　　50勝83敗、勝率・３７６　※翌年西鉄に吸収される
7位　国鉄（現・ヤクルト）　42勝94敗、勝率・３０９
8位　広島　　　　　　　　　41勝96敗、勝率・２９９

ほこり、チームの不振とともに「三鷹」という土地も不人気に一役買っている。後楽園球場、神宮球場にくらべ、三鷹は遠い。東京発8時28分から14時48分まで20分間隔で20往復の直通運転、さらに三鷹―武蔵野競技場間のピストン運転も行われたが、心理的に三鷹は遠すぎた。

ほこりっぽい、チームが弱い、球場が遠い、という3要因が重なれば客は来ず、客が来なければ国鉄が武蔵野グリーンパークで試合をする理由もなくなり、競技開催日だけ運転していた武蔵野競技場線は自然、休止状態が多くなる。57（昭和32）年に武蔵野グリーンパークが取り壊されると、その2年後の59年、武蔵野競技場線の廃止も決まった。２つが運命共同体であったことが、このことだけでもよくわかる。

■遊歩道になっている競技場線跡を歩く

雑誌『トワイライト　ゾーン』（Rail Magazine　１９９９年11月増刊、ネコ・パブリッ

シング）に、「武蔵野競技場線の思い出」という一文が掲載されている。筆者は鉄道研究家の三宅俊彦氏。三宅氏は54（昭和29）年、廃線同然の三鷹─武蔵野競技場間を歩き、貴重な写真とともにそのありさまをレポートしている。

「真夏の暑い日、しかも真っ昼間に、三鷹駅北口から上り線に沿って西へ６００ｍほど歩くと、地図に描かれている通りに大きくカーブして北へ向かう線路を歩きました。途中の信号機は使用しないように×印の板が打ち付けられていましたが、ガラス部分はひどく壊されており廃線同然でした。荒れ果てた線路上を30分ほど歩いて終点の武蔵野競技場前に到着しました。駅舎は残存していましたが、あちらこちら破壊されており、廃墟同然でずっと営業していない日が続いているように感じられました。有刺鉄線が張り巡らされていましたが、切れているところがあり、構内には容易に入れました。入ってみると、線路もホームも夏草が背丈ほど伸び放題で、わずかに1本の〝武蔵野競技場前〟の駅名板が、主なき駅を守るようにその存在を誇示しているようでした。存在が確認できたので、元来た線路を三鷹まで歩きました」

私も武蔵野競技場前駅があった辺りから三鷹駅までの片道３・２キロを歩いた。

まず武蔵野グリーンパークの跡地だが、武蔵野緑町パークタウンという公団の団地がそれである。武蔵野市役所市民相談係・奥野聡一郎さんを訪ねるとさまざまな資料とともに、高齢者総合センターの手前を右に折れ、市役所方向を真っすぐ行くと、団地前の歩道に「段差注意」の標識があり、その辺りが外野の一番端だと教えられた。

航空写真で見ると、そこはライトのフェアゾーンとファウルゾーンの境目辺りになり、団地側の段差下が掘り下げた部分でグラウンド内、道路側の段差上が土を盛り上げたところでスタンド部分だとわかる。ホームベースがあったのは市役所方向の北側で、三塁側に見える空地は現在、富士重工業が野球教室を開く軟式野球場辺りだと思われる。

まず、競技場前から三鷹方向に歩いた。高齢者総合センター前の交差点を出発するとすぐ右側に武蔵野ガレリアという東西に長く延びるマンションがある。ここが武蔵野競技場前駅跡である。武

グリーンパーク遊歩道

蔵野中央公園を右手に見ながら道路を渡りさらに左側に蛇行すると、グリーンパーク遊歩道に出る。両側にコナラの並木が続き、しばらくするとケヤキ、トチノキ、クスノキなどと絶妙のハーモニーを奏で、見ていて飽きがこない。

遊歩道を断ち切って走る伏見通りを渡ってさらに直進すると玉川上水に出る。その昔、江戸市中に飲料水を提供していたことで知られるこの上水に鉄橋がかかり、その上を電車が走っていたとは俄かに想像できない。上水の両岸に鉄道橋の橋台がほぼ完全な形で残っているのでしっかり目にとどめ、往時をしのぶ。

そこから堀合遊歩道を進み、さらに4、500メートル行けばJR中央線が到発着する三鷹駅に出る。ちなみに、同じ線路跡が「グリーンパーク遊歩道」「堀合遊歩道」と名前を変えるのは、グリーンパーク遊歩道を武蔵野市、堀合遊歩道を三鷹市が整備しているためだという。

13 隅田公園今戸グラウンドから始まったサクセスストーリー

世界の王貞治を育んだ下町人情

「目ざすは東京の向島区の長瀬護謨《ゴム》製作所である。白米を運んで行って東京で売りさばき、それで得た金で昭和十六年に作られた軟式野球用の健康ボールを一個でも二個でも手に入れて帰る、つまりどうにかして軟式野球用のボールを入手すること、それだけが目的だった。あくる日の日曜に、水道橋というところにある後楽園球場で巨人―青踏《セネタース》戦が行われるのを知っての上の上京計画だけれども、観戦はあくまで二の次三の次、必要とあれば夕方の七時三十分、奥羽本線下り夜行列車の発車寸前まで、長瀬護謨製作所で粘る覚悟だ」

（『下駄の上の卵』より　井上ひさし著、新潮文庫）

直木賞受賞作品の『手鎖心中』や『吉里吉里人』など独自の作風で知られる井上ひさしが終戦直後の山形を舞台に、国民学校6年生の少年たちの野球への思いと冒険心を描いた物語が『下駄の上の卵』だ。

健康ボールとは軟式野球をやったことのある人なら誰でも知っている。１９３４（昭和9）年にナガセケンコー株式会社が開発した軟式ボールのことである。それより15年前の19（大正８）年には京都の文具商・鈴鹿栄が自転車のゴム製ペダルをヒントにゴムボールを製作、下火になっていた少年野球熱を盛んにするきっかけを作っている。

健康ボールは現在も改良が進められ、国際野球連盟（ＩＢＡＦ）の公認球として各種大会で使用されているというから驚く。同社のホームページで確認すると、私が親しんだのは年代的に2代目（50〜60年）と3代目（60〜69年）の健康ボールで、縫い目の入ったディンプル型と呼ばれるものだ。そして、『下駄の上の卵』に登場する健康ボールは初代の菊型ボールと呼ばれるもので、縫い目はなく遠目には渦を巻いた模様に見える。

昭和30年代後半に入ると健康ボールは量産体制に入り、簡単に手に入るようになった。それでも私たちは草むらや池の中にボールが入り込めば見つかるまで懸命になって探し、1つのボールでいつまでも遊び続けた。昭和30年代に遊んだ私たちがそうなのだから、終戦直後の少年たちにとって軟式ボールはさらに貴重だった。

小説中の主人公の少年たちは山形県の置賜《おきたま》博品館に収蔵されている軟式ボールをだまし取ろうとするが失敗。こうなれば5人で闇米を体にくくりつけ、これを食料不足の東京で売りさばき、その金で健康ボールを買い求めるしかないと思い定め、山形から東京向島区墨田町2丁目にある長瀬護謨製作所へ向かう、というのが主なストーリー。ちなみに、『下駄の上の卵』の書名は〝たまげた〟をしゃれたものである。

■佐藤孝夫と金田正一のこと

井上ひさしは正真正銘のプロ野球ファンだ。子供の頃から贔屓《ひいき》にしていた佐藤孝夫（白石高→仙台鉄道管理局→国鉄）が国鉄で新人王、ホームラン王を獲得するなど活躍したこともあり、佐藤が所属した国鉄、ヤクルトのファンを貫き通したとは本人から聞いた。

98年頃だったと思うが、雑誌『ホームラン』（当時日本スポーツ出版社、現在は廣済堂出版発行）誌上で2人に対談をしてもらったとき、井上が何回も子供の頃から佐藤のファンだと言うと、佐藤は「こんな偉い先生に」と言葉を詰まらせて泣いてしまった。

余談だが、佐藤は仙台鉄道管理局（現JR東日本東北）を経てから国鉄（現ヤクルト）に入団する生粋の〝ぽっぽや〟である。そのためか、現在のFA制度に似たB級14年選手制度を使って国鉄を退団したのち巨人に移籍した金田正一を快く思っていなかった。それに対して金田は、国鉄を退団したのは球団が産経に替わることがわかっていたからで、本当は移籍したくなかったと言う。

現役時代の話を聞きに渋谷道玄坂のカネダ企画を訪れたときのこと、事務所内に飾られている写真がすべて国鉄時代のものだったので「巨人時代の写真はないんですか」と聞くと、「巨人は宣伝、宣伝、ワシは国鉄の金田だ」と言い放った。「今、仰ったことを原稿にしていいですか」と聞くと、「いいよ、いいよ、どんどん書いてくれ」と言った。

そのことを酒席で一緒になった佐藤に言うと、声を詰まらせて「何でそれをもっと大声で言ってくれなかったのか」とやはり涙を流した。「国鉄の職員と家族がその言葉でどれだけ慰められるか」というのが佐藤の言い分である。私は2人の男気の強さに少し感動した。

話を『下駄の上の卵』に戻そう。井上の野球へのこだわりは小説中、随所に出てくる。たとえばこの作品では、置賜博品館の館長が国民学校の少年たちに「軟式ボールを貸してもいいが」と1つ条件をつける。「野球道具がほしければなによりもまず全員が朝日新聞の購読を停止すること」というのがその条件である。

これには理由がある。前にも書いたように、1911（明治44）年8月29日から約1カ月、22回にわたって東京朝日新聞は著名な教育者たちを動員して野球害毒論を展開する。たとえば新渡戸稲造（当時一高校長）は、「野球は相手をペテンにかける巾着切りの遊戯」とコメントした。

「対手を常にペテンに掛けよう、計略に陥れよう、塁を盗もうなどと眼を四方八面に配り神経を鋭くしてやる遊びである。故に米人には適するが英人やドイツ人には決して出来ない」――これは新渡戸が出したコメントの一節である。

置賜博品館の老人はこの野球害毒論を真に受けて小学校時代、グローブ、バット、ボールを押し入れにしまい込んだ経験がある。朝日新聞社は野球害毒キャンペーンを展開しながら4年後の15（大正4）年には全国中等学校優勝野球大会（現在の夏の甲子園大会）を主催する。「手の平でも返すようにこんなに容易に意見が変っていいのかね」というのが博品館館長の言い分で、その気持ちはわからないでもない。こういう話がストーリーの邪魔にならず、物語に奥行きを与えている。井上文学の真骨頂と言っていい。

■長瀬健康ボールから王貞治のふるさとへ

東京へ向かう奥羽本線の車中、さらに東京に着いてから持ち込んだ米を金に換えるまでのドタバタ群像劇は、さすがＮＨＫ人形劇『ひょっこりひょうたん島』を共同執筆した作家である。最終的に少年たちは健康ボールを手にし、１７５０円の現金も得、「巨人軍の川上哲治一塁手の月給の二倍近くもあるんだぜ」と快哉をあげる。

この小説のように遠方から健康ボールを買いに訪れた少年はいたのか、ナガセケンコーが運営する「軟式野球資料室」（東京都墨田区墨田2―36―10）で聞くと、「近所の子はいたかもしれませんけど、遠方から買いにきたとは聞いていませんね」とのこと。

東武伊勢崎線、別名〝東武スカイツリーライン〟鐘ヶ淵駅を下車して東向島方向へ行ってすぐ、閑静な街並みの中に〝小さな博物館〟はある。年代ごとの健康ボールが陳列されているコーナーはとくに興味深く、草野球に興じた世代には昭和に逆戻りしたような懐かしさがたまらない。

話はここから下町出身の〝世界のホームラン王〟こと王貞治に飛ぶ。

ナガセケンコーのある鐘ヶ淵駅から浅草寄りに4駅行くと、そこは東京の新名所・スカイツリーが聳える旧「業平橋」駅、現「とうきょうスカイツリー」駅で、そこから浅草通りを挟んだ向こうが業平1、2丁目である。王貞治はここで少年時代を過ごした。

貞治少年は体が大きかった。どれくらい大きかったかというと、横綱の吉葉山が「坊や、相撲をやらないか」と声をかけるほど当時としては大きかった。本所中学時代には177センチ、70キロあった。しかし、貞治少年が熱中したのは相撲ではなく野球だった。

錦糸町駅前の錦糸公園に区立体育館があり、その中に「王貞治のふるさと墨田」という常設展示コーナーがある。この錦糸公園は業平からも歩いて20分ほどのところにあり、貞治少年がプレーした場所として知られている。そして、さらに家から近かったのが隅田公園で、ここで貞治少年は荒川博と運命的な出会いをする。

■荒川博と運命的な出会いをした隅田公園今戸グラウンド

墨田区立体育館内にある常設展示コーナー「王貞治のふるさと墨田」には数多くの写真とともに新聞記事がパネルになって展示されている。その中から中学時代のチームメートが王と荒川の出会いを第三者の立場から証言したものを紹介する。

「王少年が2年生だった1954年12月。台東区側の隅田公園で行われた練習試合で、ベンチにいた長谷川寛さん（70）は、土手の上から熱心に試合を眺める男性に気づいた。開襟シャツに下駄《げた》履き姿だが、毎日オリオンズ（当時）の好打者、荒川博さん（78）と分かるまでにそう時間はかからなかった。後に、巨人軍入りした王少年を『世界の王』へと導いた一本足打法の生みの親だ。（中略）

土手から下りてきた荒川さんは、浅野監督としばらく話をしていた。やがて王少年が呼ばれる。

『何年生？』

『2年生です』

体格から荒川さんは高校生と勘違いしていたらしい。

『王が中学生と知って、荒川さんはびっくりしたような顔をしていた。内心、手をたたい

たと思う』（尾崎さん）。※厩四《うまよん》ケープハーツの主将尾崎克己さん（72）
荒川さんの母校、早稲田実業高（当時新宿区）は野球の名門校だ。
『何で右で打つの？ 左でスイングした方が全然いいじゃない』
尾崎さんは、荒川さんのアドバイスを耳にした。これを機に王少年の左打ちは定着したとされている」

（2009年6月13日付 読売新聞江東版より）

このときのことを王自身はみずからの著書に次のように書いている。


「『君は左利きだろう。なぜ右で打つの？』

『みんなが右で打ってるから』

『僕の感じでは左で打ったほうがいい。左で打ってごらんよ』

『はい』と僕が言うのを仲間たちはうらやましそうに見ていました。プロの選手から声をかけてもらったんですからね。

それで、次の打席は荒川さんに言われたとおり、左で打ってみた。初球だったと思いますが、右中間をライナーで破る二塁打になったのです。

僕はその日から左打者になりました」

（『野球にときめいて』より　王貞治著、中央公論新社）

ちなみに、王少年たちがいつもプレーするのは隅田川東岸の隅田公園や錦糸公園だが、この日はたまたま使用できず仕方なく隅田川を渡り、西岸の今戸グラウンド（台東リバーサイドスポーツセンター野球場、台東区今戸1―1―30）まで来ていた。今戸グラウンドでプレーしたのは生涯のうちでそれが最初で最後である。

高校受験は親の意向もあり理工系の大学への進学を視野に入れ、都立墨田川高校を受験する。この高校には野球部がなかったので、もし合格していればその後の野球人生はなかったが、幸か不幸か不合格になる。この辺りの一連の出会いや出来事は運命の悪戯としか思えない。

1956（昭和31）年、荒川の推薦もあり、荒川の母校である早稲田実に入学、翌57年の選抜大会決勝で高知商を5対3で下し、紫紺の優勝旗を手にする。このときのポジションは投手で、人さし指のマメがつぶれたピッチングは、「血染めのボール」の見出しで大々的に新聞を賑わした。

■お節介な下町人情が世界の王を生み出した

59（昭和34）年に巨人に入団、3年目（61年）のシーズンが終わったオフに荒川が巨人の打撃コーチとして入団してくる。王と荒川の隅田公園今戸グラウンドでの因縁が知られていたわけではない。ただ、3年間で打率・242、本塁打37という中途半端な成績に終わっている王を何とかしたい一心で、球団は前年に榎本喜八（大毎）をパ・リーグ首位打者にした荒川のコーチとしての手腕に託したのである。

荒川は王のバッティングを多摩川グラウンドで見るなり、「野球のボールじゃあ無理だな。ドッジボールでも投げなきゃ打てんな。遊びは上手になったらしいが、野球は下手になったな」と言った。〝鬼寮長〟の異名で親しまれた武宮敏明・当時巨人軍寮長が「巨人軍史上の三大悪童は王貞治、柴田勲、堀内恒夫」と言っていたとは有名な話である。それほど王はプロ入りして数年間、遊んでいた。

この王を荒川は練習の鬼に変えた。毎夜のように息子を連れ出す荒川を、「貞治を連れてどこか遊びに行っているんじゃないかと考えて、その頃は荒川さんを恨んでいました」とは母・登美の言葉である。それほど荒川はつきっきりで王の練習を指導した。

ここに『王選手コーチ日誌　1962―1969』（荒川博著、講談社）という本がある。400頁にも及ぶ大著で、ひもとけば現在の打撃理論と寸分違わぬ理屈で荒川が王に対していることがわかる。

「バックスイングをしなければ力が出ないという考え方を直さない限り、永遠に解決しない」

「いままで心でボールを引きつけようと思うと、手でタイミングを取ってしまって、それでヒッチしてしまったが、この間の広島の最後の日に素振り練習した時に、膝でタイミングを取るようにしたら手が動かなくなった」

「王君が一本足打法を始めて何か月も経ち、ホームラン量産というかたちですでに結果も出ていたころですら『あんなバッティングをしていたらタイミングが取れない』『あれは邪道の打撃理論だ』と非難する人がいました。どんな世界でも同じことなのでしょう。それまでの常識や通念をくつがえして革新的なことをなしとげる者に対しては、世間の風当たりが強いのです」

そして最後の「あとがきにかえて」では、アマチュアの指導者は言葉をもっと上手に使わなくてはいけない、と言っている。「エラーをするとすぐに、『下手くそ』『おまえ、もうやめろ！』などと言う人がいますが、野球の好きな子が嫌いになるような醜い言葉は使うべきではありません」と、最も現代的なテーマに言葉を発している。こういう指導者にめぐり会えた王は幸せな野球人である。ちなみに、荒川は浅草育ちの下町っ子である。お節介な下町人情のつながりが偉大なバットマンを生み出したと言っていいかもしれない。

■王少年と荒川博が初めて邂逅した隅田公園今戸グラウンドを歩く

長瀬護謨製作所がある鐘ヶ淵から東武伊勢崎線を浅草寄りに2つ行くと曳舟駅がある。ここを降りて隅田川に向かった一帯が東向島、向島というかつての花街で、水戸街道と墨《ぼく》堤《てい》通りの間にある鳩の街通り商店街はかつての赤線地帯「鳩の街」としてあまりにも有名である。

鳩の街通り商店街を抜け、墨堤通りを浅草方向に行くと長命寺がある。腹痛を訴えた三代将軍・徳川家光が寺の境内に湧く井戸水を飲んだところ腹痛が治まったため長命寺の名が付いたと言われるが、ここで有名なのは寺よりも門前に店を出す「山本や」である。

創業が1717（享保2）年という老舗で、ロングセラーは桜餅。普通の桜餅は桜の葉1枚で包むが、山本やの桜餅は塩漬けにした2枚の桜の葉で包んであるため香りが強く、包んだ桜の葉を外して餅だけ食べるのがこの店の流儀だと聞いた。この長命寺の桜餅にゆかりがあるのが野球殿堂入りしている正岡子規で、大学予備門の学生だった子規は隅田川と墨堤の桜が気に入り山本やの2階を3カ月ほど借り、そこを「月香楼」と名付けて次のような歌を残している。

花の香を　若葉にこめて　かぐはしき
　桜の餅　家づとにせよ

『徳川家の江戸東京歴史散歩』（徳川宗英《むねふさ》著、文春文庫）によると、子規はこの山本やの看板娘に惚れていたという。感情の量が多い子規ならあって当然の話だが、黒船来航で日本中がひっくり返るような騒ぎになっていた幕末期の老中、阿部正弘の側室も山本やの看板娘、おとよだった。同書は「山本屋には代々、桜餅のように美しく芳しいお嬢さんが生まれてくるのだろうか」とこの話題を締めくくっている。

長命寺を堤に沿って浅草方向に少し行くと、隅田川にかかるX字形の橋がある。4月になると墨堤の桜を見ようと花見客が忙しく行きかう桜橋である。ここを渡ると王少年と荒川博が初めて出会った隅田公園今戸グラウンドがある。

今でも小、中学生がバットを振って白球を追うグラウンドだが、54（昭和29）年当時は堤とグラウンドを隔てる金網はなかった。今のように金網で隔てられていたら、浅草馬車道の実家から紀州犬を連れて土手を散歩していた荒川は王に声をかけなかったかもしれない。

王が生まれたのは太平洋戦争が始まる1年前の40（昭和15）年5月20日。終戦から5年たった50年には兄・鉄城の影響で野球人生をスタートさせ、小学校4年当時は野球のうま

土手から見た今戸グラウンド跡地

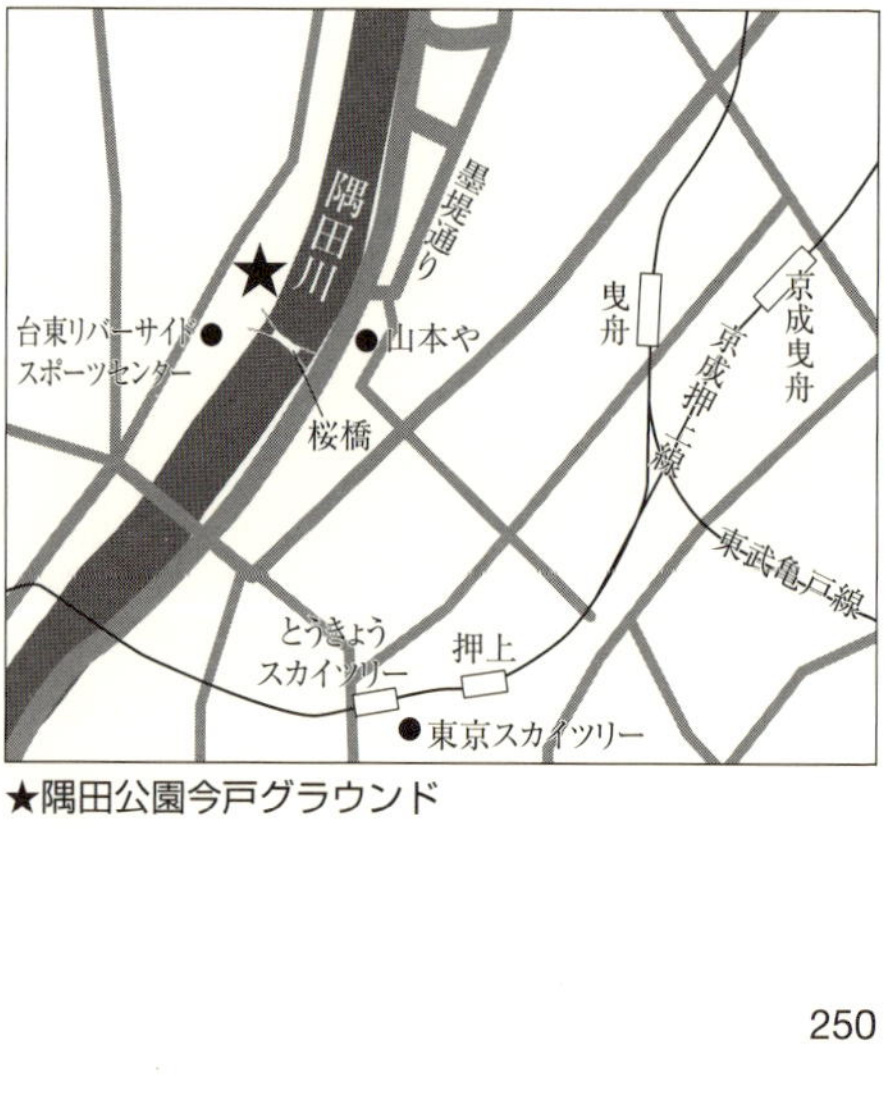

★隅田公園今戸グラウンド

い少年として地域では有名な存在だったと言われる。

王貞治少年が駆け回っていたこの時代の街並みを再現させたのがソフトバンクホークスの本拠地「福岡ヤフオク！ドーム」内にある王貞治ベースボールミュージアム。生家である中華料理店「五十番」の入口前には荷台に箱をくくりつけた昔ながらの26インチの自転車が置かれ、再現された横町を歩くとそこかしこに「へいにボールを投げないでください」とか「平和商店の開店セール」の案内が貼られ、オロナイン軟膏のホーロー看板の中から浪花千栄子が笑いかけてくる。

日本中が貧しかったこういう街並みの中で、世界の王が子供時代を謳歌していたとわかる道具立てが揃い、私のような世代の人間にはひたすら懐かしい。そして、バーチャルではない現実のここ墨田区業平（当時東京市本所区業平橋）には高さ６３４メートルのスカイツリーが聳えている。

◉本書に関連する年表　1872〜1957年

年度	日米野球の歩み（＊印はアメリカの出来事）
1839（天保10）	＊アブナー・ダブルデイがニューヨークのクーパーズタウンで初めて野球をする
1845（弘化2）	＊アレキサンダー・カートライトがベースボールの原型と言われるタウンボールのルールを整備してベースボールの下地を作る。このルールのもとで翌46年、初めてゲームが行われる
1849（嘉永2）	＊ニッカボッカークラブが初めてユニフォームを着用する
1858（安政5）	＊最初の野球協会、ナショナル・アソシエーションが結成される
1869（明治2）	＊プロだけで構成される初のチーム、シンシナティ・レッドストッキングス（ナショナル・アソシエーション所属）が結成される
1872（明治5）	ホーレス・ウィルソンが第一大学区第一番中学の学生に初めてベースボールを伝える

1876（明治9）	＊ナショナル・アソシエーションが解散、代わってナショナルリーグが誕生する。1901（明治34）年にはアメリカンリーグが結成され2リーグ制がスタート。ここから近代野球と位置づけられる
1878（明治11）	平岡凞が新橋アスレチック倶楽部を結成
1890（明治23）	3月21日、正岡子規が上野公園博物館横の空地で野球を行う 5月中旬、一高対明治学院戦のさなか「インブリー事件」が起こる
1894（明治27）	一高の校友会雑誌号外の中で「野球」という訳語が初めて使われる
1896（明治29）	一高が横浜外国人チームに勝ち、野球人気が高まる
1902（明治35）	7月、早大・戸塚球場（のちの安部球場）が完成
1903（明治36）	11月21日に、第1回早慶戦が行われる ＊ナショナルリーグとアメリカンリーグによるワールドシリーズがスタートする
1904（明治37）	＊5月5日、サイ・ヤング（レッドソックス）が史上初の完全試合を達成 6月1日、早大が一高を破り、一高の黄金時代に終止符を打つ。翌2日には慶大が一

	高を破る
1905（明治38）	早大がアメリカ遠征を行い、最新技術を持ち帰る
1906（明治39）	応援の過熱が原因で早慶戦が中止になる（復活するのは19年後の1925年）
1907（明治40）	慶大がハワイ・セントルイス大学を招待し、初の有料試合を行う
1910（明治43）	招聘したシカゴ大に大敗し、飛田忠順（穂洲）をはじめ早大の主力4人が責任を取って引退
1911（明治44）	8月29日から東京朝日新聞が「野球害毒論」キャンペーンを始める
1914（大正3）	11月2日、早慶明3大学による初のリーグ戦が開幕される
1915（大正4）	完成した豊中グラウンドで全国中等学校優勝野球大会（選手権）の第1～2回が開催される
	8月23日、京都二中が秋田中を下し第1回選手権で優勝する
1919	＊この年のワールドシリーズ、シカゴ・ホワイトソックス対シンシナティ・レッズ戦

（大正8）	でホワイトソックスの主力8選手が賄賂を受け取って八百長試合に加担したとして永久追放される
1920（大正9）	わが国初のプロ野球チーム、日本運動協会（芝浦協会）が生まれる 毎日新聞社が「大毎（大阪毎日）野球団」を設立
1921（大正10）	奇術師、松旭斎天勝をオーナーとする「天勝野球団」が設立
1922（大正11）	宝塚球場が完成 11月19日、三田倶楽部が小野三千磨の力投で大リーグ選抜に9対3で勝つ。日本チームが米国のプロチームに勝ったのはこれが初めて
1924（大正13）	宝塚運動協会が活動開始（1929年に解散） 甲子園球場完成。4月1日に第1回全国選抜中等学校野球大会（以下選抜）が、8月13日に第10回選手権が甲子園球場で行われる
1925（大正14）	早慶戦が復活する。さらに東大が加盟して東京六大学リーグがスタートする
1926（大正15）	神宮球場が完成
1927	都市対抗野球大会が始まる（11回大会まで神宮球場で開催される）

（昭和2）	＊ベーブ・ルース、ルー・ゲーリッグなどを擁し、史上最強と言われたニューヨーク・ヤンキースが勝率・714でリーグ優勝。ワールドシリーズでも負けなしの4連勝を飾る
1931（昭和6）	ルー・ゲーリッグらアメリカ選抜チームが来日
1932（昭和7）	3月28日、文部省が野球統制令を発令。選手への褒賞や米国チームとの試合に制限を設ける
1933（昭和8）	＊7月6日、第1回オールスターゲームがシカゴ・コミスキーパークで開催される。「カール・ハッベルが投げてベーブ・ルースが投げる、そんな夢のような試合が見たい」という少年の手紙がきっかけになった 7月10日、日本初のナイターが戸塚球場で行われる（早大二軍対早大新人） 8月19日、中京商が延長25回で明石中を下す 10月22日、早慶戦でリンゴ事件起こる
1934（昭和9）	8月19日、第19回選手権で中京商が前人未到の3連覇を達成 11月、大宮公園球場が竣工 11月、ベーブ・ルースらアメリカ選抜チームが来日して16戦全勝と圧倒する。17試合目にヴィクトル・スタルヒンがデビューを果たす

1935（昭和10）	巨人がアメリカ遠征を敢行
1936（昭和11）	7球団による日本職業野球連盟（現在のプロ野球）がリーグ戦を開始する 12月11日、洲崎球場で巨人がタイガースを下し、初代王者に輝く
1937（昭和12）	西宮球場、後楽園球場が完成
1941（昭和16）	＊7月17日、ジョー・ディマジオの連続試合安打が途切れる（56試合連続安打はいまだ破られていないメジャー記録。日本記録は広島の高橋慶彦が79年に記録した33試合）。ちなみに、この年のＭＶＰはディマジオで、テッド・ウィリアムスは打率４割以上を記録しながら選出されなかった（この年のウィリアムスを最後に４割打者が途絶えている）
1942（昭和17）	5月24日、大洋対名古屋が延長28回の熱闘で引き分け（４対４）
1943（昭和18）	戦争激化で学生野球が中止 10月16日、〝最後の早慶戦〟が行われる
1944（昭和19）	プロ野球が一時休止となる

1945（昭和20）	11月23日、プロ野球復活試合「東西対抗」が行われる。この試合で大下弘の打棒が爆発し、一躍スターの座に躍り出る
1946（昭和21）	プロ野球、リーグ戦を再開
1947（昭和22）	＊4月15日、黒人初のメジャーリーガー、ジャッキー・ロビンソンがメジャーデビュー 〝もう1つのプロ野球〟国民リーグがリーグ戦をスタート
1949（昭和24）	水原茂がシベリアから復員、「ただいま帰ってまいりました」と報告 11月26日、プロ野球がセ・パ両リーグに分かれることが決定する
1950（昭和25）	平和台球場が完成 11月28日、パ・リーグの毎日が松竹を下し、初の日本一に
1951（昭和26）	4月14日、武蔵野グリーンパークが開業。開幕ゲームは東京六大学リーグ戦
1953（昭和28）	8月1日、南関東大会で長嶋茂雄（佐倉一高）が高校生活唯一のホームランを放つ
1954（昭和29）	12月、中学生の王貞治が荒川博と出会う

1955（昭和30）	9月4日、スタルヒン（トンボ）が通算300勝を達成する
1957（昭和32）	1月12日、スタルヒンが交通事故で死亡する 11月3日、東京六大学リーグ、慶大対立大戦で長嶋茂雄（立大）がリーグ新記録となる通算8号ホームランを放つ

◉参考文献

【書籍】

阿部　牧郎『焦土の野球連盟』（扶桑社）
荒川　博『王選手コーチ日誌　1962―1969』（講談社）
池井　優『東京六大学野球外史』（ベースボール・マガジン社）
伊集院　静『三年坂』所収「水澄」（講談社文庫）
井上ひさし『下駄の上の卵』（新潮文庫）
井伏　鱒二『荻窪風土記』（新潮社）
牛島　秀彦『消えた春　特攻に散った投手　石丸進一』（河出文庫）
王　貞治『野球にときめいて』（中央公論新社）
岡崎　武志『上京する文学』（新日本出版社）
小川　勝『幻の東京カップス』（毎日新聞社）
越智　正典『実況長嶋茂雄』（毎日新聞社）
笠原和夫／松尾俊治『最後の早慶戦』（ベースボール・マガジン社）
北村　薫『1950年のバックトス』（新潮文庫）
君島　一郎『日本野球創世記』（ベースボール・マガジン社）
清岡　卓行『薔薇ぐるい』（新潮社）
久米　正雄『学生時代』（旺文社文庫）

小泉　信三『練習は不可能を可能にす』（慶應義塾大学出版会）
佐藤　春夫『小説永井荷風伝』（岩波文庫）
佐藤　光房『もうひとつのプロ野球』（朝日新聞社）
佐野　正幸『あの頃こんな球場があった』（草思社）
佐山　和夫『明治五年のプレーボール』（ＮＨＫ出版）
司馬遼太郎『坂の上の雲　一』（文春文庫）
島　秀之助『白球とともに生きて』（ベースボール・マガジン社）
鈴木　康允／酒井堅次『ベースボールと陸蒸気』（小学館文庫）
鈴木　龍二『鈴木龍二回顧録』（ベースボール・マガジン社）
高橋　義雄『平岡吟舟翁と東明曲』（秋豊園）
高浜　虚子『回想　子規・漱石』（岩波文庫）
高山　文彦『火花　北条民雄の生涯』（飛鳥新社）
立川　談志『談志楽屋噺』（文春文庫）
田中科代子『プロ野球選手はお嬢さま』（文芸社）
田沼　雄一『日米野球映画キネマ館』（報知新聞社）
玉置　通夫『甲子園球場物語』（文春新書）
辻原　　登『枯葉の中の青い炎』（新潮社）
堤　　　哲『国鉄スワローズ１９５０―１９６４』（交通新聞社新書）
寺田　寅彦『寺田寅彦随筆集　第一巻』（岩波書店）

徳川宗英『徳川家の江戸東京歴史散歩』（文春文庫）
飛田穂洲『熱球三十年』（中公文庫）
永井荷風『断腸亭日乗』（岩波文庫）
ナターシャ・スタルヒン『白球に栄光と夢をのせて』（ベースボール・マガジン社）
夏目漱石『吾輩は猫である』（岩波文庫）
ニコラス・ダウィドフ『「大リーガー」はスパイだった』（平凡社）
西木正明『凍れる瞳』（文藝春秋）
野口冨士男『わが荷風』（講談社文芸文庫）
東田一朔『プロ野球誕生前夜』（東海大学出版会）
平出隆『ベースボールの詩学』（講談社学術文庫）
平出隆編『日本の名随筆別巻73　野球』（作品社）
正岡子規『松蘿玉液』（岩波文庫）
正岡子規『筆まかせ抄』（岩波文庫）
正岡子規『水戸紀行』（『正岡子規全集第12巻』より）（改造社）
松尾俊治『ああ甲子園!!　高校野球熱闘史』（スポーツニッポン新聞社出版局）
宮脇俊三編著『鉄道廃線跡を歩く』（ＪＴＢパブリッシング）
大和球士『真説　日本野球史　明治篇』（ベースボール・マガジン社）
大和球士『真説　日本野球史　大正篇』（ベースボール・マガジン社）
大和球士『真説　日本野球史　昭和篇その三』（ベースボール・マガジン社）

大和　球士『プロ野球三国志　第一～十二巻』（ベースボール・マガジン社）
横田　順彌『嗚呼!! 明治の日本野球』（平凡社ライブラリー）
横田　順彌『熱血児押川春浪』（三一書房）
吉村　昭『プリズンの満月』（新潮文庫）
早稲田大学大学史資料センター／慶應義塾福澤研究センター編
　『１９４３年晩秋　最後の早慶戦』（教育評論社）

【資料】
『慶應義塾便覧』（慶應義塾学報発行所）
『慶應義塾野球部百年史』（慶應義塾体育会野球部／三田倶楽部）
『向陵誌　一高野球部部史』（第一高等学校校友会野球部編纂）
『向陵誌　一高応援団史』（一高同窓会）
『三高野球部史』（第三高等学校野球部神陵倶楽部）
『東京読売巨人軍五十年史』（東京読売巨人軍）
『夏の甲子園 不滅の名勝負1』ビデオ作品（朝日新聞社／ＡＢＣ）
『阪神タイガース　昭和のあゆみ〔プロ野球前史〕』（阪神タイガース）
『「文藝春秋」にみるスポーツ昭和史　第一巻』（文藝春秋）
『早稲田大学野球部百年史』（早稲田大学野球部）

【取材協力者】

赤海　巌（元江東区議会議員）
奥野聡一郎（武蔵野市役所市民相談係）
兒玉　幸憲（慶應義塾広報室）
田中　義巳（古書・街道文庫店主）
都倉　武之（慶應義塾福澤研究センター）
永井　康晴（阪神甲子園球場）
畑中　秀敏（素盞嗚神社宮司）
小川　晶子（野球殿堂博物館）
関口　貴広（野球殿堂博物館）
茅根《ちのね》　拓（野球殿堂博物館）

【資料参照】

鹿屋航空基地史料館
甲子園歴史館
国土地理院関東地方測量部
国立国会図書館
野球殿堂博物館

［註］単行本以外の引用・参考資料については、本文中でその出典を明記した。

あとがき

2009(平成21)年の暮も押し迫った12月、野球殿堂博物館へ行き、気まぐれに明治時代の資料を漁ったのが本書の始まりでした。

私は春先のプロ野球キャンプや全国各地で行われる高校野球を見るため、頻繁に旅に出ます。ホテルと球場の往復、というのが基本的なルーティーンで、大分で九州大会を見てもホテルの近くにある臼杵の石仏まで足を延ばすことはせず、沖縄キャンプでは国際通りの酒場に通っても近くの首里城に足を延ばすことはしませんでした。それが本書を書こうと思い立った瞬間から一変、デジタルカメラを持参して、野球に縁のある場所へ行くことが目的の1つになりました。

2010年2月中旬、最初に行った取材旅行は南九州。宮崎でキャンプを張っている巨人、ソフトバンク、広島、西武が練習を休んだ5日、鹿児島県鹿屋市にある鹿屋航空基地内の史料館まで4時間かけて行き、常設展示されている特攻隊の史料に目を凝らしました。ここは太平洋戦争末期、海軍特攻基地だったところで、史上13人(18回)目のノーヒットノーランを達成した石丸進一（名古屋軍）が往きの燃料だけ抱えて特攻出撃した場所として、一部の野球ファンに知られています。

3月22日には春の選抜大会の合間を縫って、甲子園歴史館、豊中グラウンド跡（メモリアルパーク）、鳴尾球場跡をめぐり、数日後にはベースボールを野球と和訳した中馬庚の墓にお参りし、さらに宝塚球場跡、西宮球場跡、大阪球場跡、藤井寺球場跡を強行軍で回りました。現場に行けば書斎で得るもの以上の発見があることを、私は20年来のプロ・アマ野球観戦を通して知っています。その観戦スタイルを本書にも応用しました。

野球史を教科書のように伝えるのが本意ではなく、いかにエンターテイメントとして楽しく伝えるのか、というのが狙いでした。最初にやったのは自分の部屋にある小説をすべて斜め読みで読みなおし、野球に関する記述があればその頁に付箋を貼っていくこと。

文学者が描く野球に、飛田穂洲、君島一郎、大和球士たち一級の野球人が描くノンフィクションを交え、さらに『一高野球部部史』『慶應義塾野球部百年史』『早稲田大学野球部百年史』のようなすぐれた資料で補足し、熱心な野球ファンでさえ知らない新橋アスレチック倶楽部の誕生、一高の盛衰、そして早慶戦断絶のような野球史を生き生きと描く、それが本書を書こうと思い立ったときからのコンセプトでした。

欲張ったことを言えば〝ビブロフィリア（愛書狂）〟的な遊びを野球史の中で展開する、

というのが密かな願いとしてありました。愛書狂と言う以上、意表をつく本、作家が野球と結びついてほしい。しかし、野球が描かれている文学作品を私の本棚だけから探すのは無理がありました。

友人の西尾武さんからは『プリズンの満月』（吉村昭著）をはじめ井上ひさしの数々の作品を教えてもらい、野球殿堂博物館の小川晶子さんからは『吾輩は猫である』の中に野球の記述があることを教えてもらい、布施利洋さん（カガミ）にはビデオ作品『夏の甲子園不滅の名勝負』（朝日新聞社、ＡＢＣ）全巻をお借りし、甲子園球場のごく初期の姿を知ることができました。この場を借りて感謝申し上げます。

本書のもう1つのテーマは、かつて野球が行われていた〝場所〟の履歴を明らかにすることでした。そこにあった場所の痕跡を明らかにすることによって、野球史に生きる登場人物に生身の人間としての血を通わせる――その狙いは十分果たせたと自負しております。やり残したことはこれからの人生の中でやり遂げていきたいと思っております。

野球殿堂博物館の小川、関口貴広、茅根拓各氏は、質問者が想定する以上のことを答えるという博覧強記の達人ばかりで、野球史のさまざまな部分にご教示をいただきました。また私が以前勤めていた編集プロダクション、デポルテの故横山正健氏からは昭和初期の野球界の諸々を日常的な会話の中で知らされ、野球史に興味を持つ端緒となりました。聞かせていただきたい話は山ほどあるのに、横山さんはすでにこの世にいないという無常を今、痛切に感じているところであります。
各項目の初出は次のとおりです。
「最後の早慶戦の舞台になった戸塚球場」……『荷風』（2010年26号、日本文芸社）
「インブリー事件の舞台、一高グラウンド」……『群像』（2011年4月号、講談社）
「野球黎明期」「新橋アスレチック倶楽部」「慶応野球部」「羽田グラウンド」「日本運動協会」「甲子園球場」「大宮公園球場」「後楽園球場」「洲崎球場」「武蔵野グリーンパーク」の各項目……インターネット上のサイト『BASEBALL FAN』（Wood Stock）
「隅田公園今戸グラウンド」だけが本書中、唯一の書き下ろしです。
編集の労を取っていただいた木谷東男（草思社編集部）、片桐克博（編集室カナール）両氏ならびに企画段階から適切な助言をいただいた碇高明氏（飛鳥新社）に謝意を表します。カバーデザインは15年ぶりに林佳恵さんにお願いしました。
かつてそこにあった野球場の痕跡を訪ねて歩くあなたの手に本書があったなら、それに勝る喜びはありません。

小関 順二

◉写真提供
朝日新聞社
慶應義塾福澤研究センター
小関順二
日本近代文学館
毎日新聞社
野球殿堂博物館
横浜都市発展記念館
読売新聞社

著者略歴――――
小関順二　こせき・じゅんじ
スポーツライター。1952年、神奈川県生まれ。日大芸術学部卒。1988年にドラフト会議倶楽部を創設し、模擬ドラフトで注目を集める。2000年より年度版として刊行されている『プロ野球問題だらけの12球団』のほか、『WBC日本代表はなぜ世界一になれたのか?』(ぴあ)『野球力――ストップウオッチで判る「伸びる人材」』(講談社+α新書)『プロ野球スカウティングレポート』(廣済堂出版)など著書多数。

野球を歩く　日本野球の歴史探訪

2013年11月20日　第1刷発行

著　者　小関順二
装　丁　林　佳恵
発行者　藤田　博
発行所　株式会社 草思社
〒160-0022　東京都新宿区新宿5-3-15
電話　営業 03(4580)7676　編集 03(4580)7680
振替　00170-9-23552

組　版　一企画
本文印刷　株式会社三陽社
カバー印刷　中央精版印刷株式会社
製　本　加藤製本株式会社

ISBN978-4-7942-2014-1　Printed in Japan　検印省略

http://www.soshisha.com/